Gramática Francesa

principiante / elemental

Philippe DAGRANG

Copyright © 2017 by Philippe DAGRANG
All rights reserved. This book or any portion thereof may not be reproduced or used in any manner whatsoever without the express written permission of the publisher except for the use of brief quotations in a book review.

First Edition, 2017

Maison de la Grammaire
5 rue Rouget de Lisle
92600 Asnières-sur-Seine, France

UN AGRADECIMIENTO ESPECIAL A:
los freelancers de Italia, Venezuela, Cuba, Siri Lanka, España, etc. Quienes trabajaron en la traducción e ilustración de este libro

Día 01 – Presentándote 8

Día 02 – Describiendo personas (singular) 11

Día 03 – Describiendo personas (plural) 14

Día 04 – Más sobre palabras masculinas y femeninas comúnes 17

Día 05 – *Verbo importante Yo soy:* el verbo *ser/estar*: Je suis ... (Yo soy ...), vous êtes ... (usted es...) 21

Día 06 – Verbos que terminan en–er (1): parler (hablar), etc 24

Día 07 – Verbos que terminan en –er (2): verbos reflexivos 27

Dia 08 – Verbos que terminan en –er (3): casos especiales 29

Dia 09 – Preguntas & Negacion (verb être) 34

Día 10 – sustantivos y artículos: un homme (un hombre), une pomme (una manzana) 37

Día 11 – El plural de los sustantivos y los artículos: des hommes (hombres), des pommes (manzanas) 40

Día 12 – Artículos definidos e indefinidos: une maison (*una* casa), la maison (*la* casa) 42

Día 13 – El posesivo: mon (mi), son (su)... 45

Día 14 – El demostrativo: ce livre (este libro), ces livres (estos libros) 49

Día 15 – *Verbos importantes II*: el verbo *tener*, avoir: J'ai ... (yo tengo...), il a ... (él tiene...), 1ra parte 52

Día 16 – El verbo tener, avoir, 2da parte 54

Día 17 – *Verbo importante III*: el verbo *ir*, aller: Je vais ... (Yo voy...), il va ... (él va...) 57

Día 18 – Pregunta & Negación (verb avoir, tener) 59

Día 19 – Números franceses (1), fechas, días de la semana 62

Día 20 – Diciendo la hora, números franceces (2) 65

Día 21 – Ubicación: Je suis de New York (Yo soy de Nueva York), Je suis à Londres (Yo estoy *en* Londres.) 70

Día 22 – Ubicación: ciudades vs. paises, à Paris (en Paris), en France (en Francia) 73

Día 23 – Ubicación: al/en/de; au cinéma. (al cine.) du cinéma. (del cine.) 75

Día 24 – Sur la table (sobre la mesa), sous la table (debajo de la mesa).. 78

Día 25 – Il y a ... (hay...) 80

Día 26 – C'est... / Il est... (Es...) 82

Día 27 – C'est... (es...) e Il/Elle est... (El/Ella es...), la diferencia 85

Día 28 – Describiendo el clima (+ meses, estaciones) 87

Día 29 – ¿Qué es? / ¿Quién es?... 89

Día 30 – Los partitivos en francés (du, de la, des) 91

Día 31 – Cantidad expresada y no expresada.................................. 94

Día 32 – La comparación: Jeff est plus grand que Michel. (Jeff es más alto que Michel.) 96

Día 33 – La comparación (con cantidades) y el superlativo: Emma est la meilleure. (Emma es la mejor.) 99

Día 34 – Verbos que terminan en-ir (1), dormir (dormir), Nous dormons. (Nosotros estamos durmiendo.) 103

Día 35 – Verbos que terminan en -ir (2), ralentir (reducir velocidad), Nous ralentissons. (Nosotros reducimos la velocidad.) 106

Día 36 – verbos que terminan en -re, lire (leer) 109

Día 37 – Los verbos connaître y savoir (saber)............................... 112

Día 38 – Algo más de verbos multi-forma, apprendre (aprender), devenir (volverse) 115

Día 39 – Verbos modales: pouvoir (poder), devoir (deber), vouloir (querer)... 119

Día 40 – Haciendo deportes y actividades 122

Día 41 – El futuro próximo con el verbo "aller", Je vais + infinitive (Yo voy a + infinitivo) 124

Día 42 – Tiempo pasado con el verbo "avoir", Elle a mangé. (ella comió.) 126

Dia 43 – Tiempo pasado con el verbo "être", Elle est partie. (Ella se fué.) 129

Día 44 – Tiempo pasado: ¿cuando usar el verbo "être" y cuando usar el verbo "avoir" para conjugar? 133

Día 45 – L'imparfait – Ajustando la escena en el pasado 136

Día 46 – Tiempo futuro, Je viendrai (Yo vendré) 140

Día 47 – Repaso de verbos franceces hasta ahora 143

Día 48 – Adverbios 148

Día 49 – Depuis (desde), il y a (hace), pendant (por), dans (en) 150

Día 50 – Los pronombres franceces 152

Día 51 – El pronombre "En" 154

Día 52 – El pronombre "Y" 156

Día 53 – "pronombres" franceces directos 158

Día 54 – "Pronombres" indirectos franceces 160

Día 55 – Negación 162

Día 56 – Preguntas: Où ? (¿Donde?) Quand ? (¿Cuando?) Comment ? (¿Cómo?) Combien ? (¿Cuánto?) Pourquoi ? (¿Por qué?) 165

Día 57 – Preguntas: Qui ? (¿Quien?), Que ? (¿Qué?), Quel ? (¿Cual?) 167

Día 58 – Pronombres relativos: La femme qui... (La mujer que...), La photo que... (la foto que...) 169

CONJUGACIÓN VERBAL DEL FRANCÉS ....**Error! Bookmark not defined.**

RESPUESTAS 171

Día 01 – Presentándote

Presentándote
- Bonjour, **je suis** Jeff. (Hola, **soy** Jeff.)
- Bonjour, **je suis** Emma. (Hola, **soy** Emma.)

También puedes decir:
- Bonjour, **je m'appelle** Jeff. (Hola, **me llamo** Jeff.)
- Bonjour, **je m'appelle** Emma. (Hola, **me llamo** Emma.)

Nacionalidad.
- Bonjour Jeff, **vous êtes Français** ? (Hola Jeff, ¿**eres francés**?)
- Oui, **je suis Français**. (Si, **soy francés**.)

- Bonjour Emma, **vous êtes Française** ? (Hola Emma, ¿eres francesa?)
- Non, **je ne suis pas Française. Je suis Canadienne.** (No, **no soy francesa. Soy canadiense.**)

Profesión
- **Vous êtes homme d'affaires** ? (¿Eres empresario?)
- Non, **je ne suis pas homme d'affaires. Je suis pilot.** (No, **no soy empresario. Yo soy piloto.**)

Nota: Cuando describes tu profesión, se quita el artículo en francés
- Et vous Emma, **vous êtes banquière** ? (Y tu Emma, ¿eres banquera?)
- Non, **je ne suis pas banquière. Je suis professeur de français.** (No, **no soy banquera. Yo soy profesora de francés.**)

Ejercicio
Presentándote
1. Bonjour, …………………… Thomas. (Hola, **soy** Thomas.)
2. Bonjour, …………………… Marina. (Hola, **soy** Marina.)
3. …………………… James ? (¿**Eres James**? *Pista*: use "Verbo-Sujeto")
4. Non, …………………… Jeff. (No, **soy** Jeff.)

Nacionalidad
1. Bonjour Jeff, …………………………… ? (Hola Jeff, ¿**eres canadiense**?)
2. No, …………………………… (No, **soy francés**.)
3. Bonjour Emma, …………………………… ? (Hola Emma, ¿**eres Canadiense**?)
4. Oui, …………………………… (Yes, **soy canadiense**.)

Profesión
1. Bonjour Emma, …………………………… ? (Hola Emma, ¿**eres profesora de francés**?)
2. Oui, …………………………… (Sí, **soy profesora de francés**.)
3. Et Jeff, …………………………… ? (Y Jeff, ¿**Eres banquero**?)

4. Non, ………………………………………………. (No, **no soy banquero. Yo soy piloto.**)

Día 02 – Describiendo personas (singular)

Describiendo personas
Jeff **est** étudiant. (Jeff **es un** estudiante.)
Il est Français. (**Él es** francés.)
Il est jeune. (**Él es** joven.)
Il est grand. (**Él es** alto.)
Il est brun. (**Él es** de cabello castaño.)

Il = Jeff (**Él**) : **Il est** grand. (**Él es** alto.)

Emma **est** étudiante. (Emma **es una** estudiante.)
Elle est Canadienne. (**Ella es** Canadiense.)
Elle est jeune. (**Ella es** joven.)
Elle est grande. (**Ella es** alta.)
Elle est brune. (**Ella es** de cabello castaño.)

Elle = Emma (**Ella**) : **Elle est** grande. (**Ella es** alta.)

Masculino y femenino de adjetivos y nombres de profesiones.

Il est **étudiant**. (Él es **estudiante**.)	Elle est **étudiante**. (Ella es **estudiante**.)
Añade una e al final del masculino "étudiant" para transformarlo en femenino "étudiante".	
Il est **grand**. (Él es **alto**.)	Elle est **grande**. (Ella es **alta**.)
Il est **fascinant**. (Él es **fascinante**.)	Elle est **fascinante**. (Ella es **fascinante**.)
Il est **marié**. (Él es casado.)	Elle est **mariée**. (Ella es casada.)
Il est **jeune**. (Él es joven.)	Elle est **jeune**. (Ella es joven. – este adjetivo es el mismo para ambos géneros)
Il est **Indien**. (Él es	Elle est **Canadienne**. (Ella es **Canadiense**.)

Indio.)	
*Añada **ne** al final del masculino "**-en**" para transformarlo en femenino "**-enne**".*	
Il est **Indien**. (Él es Indio.)	Elle est **Indienne**. (Ella es **India**.)
Ile est **Canadien**. (Él es **Canadiense**.)	Elle est **Canadienne**. (Ella es **Canadiense**.)

! Atención en la pronunciación

Estas terminaciones masculinas, **-t** (étudiant), **-d** (grand), **-n** (brun) son **silenciosas.**

Estas terminaciones femeninas, **-te** (étudian**te**), **-de** (gran**de**), **-ne** (bru**ne**) son pronunciadas.

Si una palabra, **est** por ejemplo, está seguida por una vocal, **é**tudiant por ejemplo, "**est étudiant**", El sonido de la primera consonante final es transferido a la vocal de la siguiente palabra:

Il est **é**tudiant.
   té

Ejercicio
Describiendo personas
Jeff … … … grand. (Jeff es alto.) – Jeff est grand.
1. Jeff … … …﹐ étudiant. (Jeff **es un** estudiante.)
2. … … … … … … Français. (**Él es** francés.)
3. … … … … … … grand. (**Él es** alto.)
4. … … … … … … brun. (**Él es** de pelo castaño.)
5. Emma … … … étudiante. (Emma **es una** estudiante.)
6. … … … … … … grande. (**Ella es** alta.)

Masculino y femenino
*Jeff est … … … (Jeff es **fascinante**.) – Jeff est **fascinant**.*
*Emma est … … … (Emma es **fascinante**.) – Emma is **fascinante**.*
1. Jeff est … … … (Jeff es **alto**.)
2. Emma est … … … (Emma es **alta**.)
3. Il est … … … (Él es **fascinante**.)
4. Elle est … … … (Ella es **fascinante**.)
5. Il est … … … (Él es **casado**.)
6. Elle est … … … (Ella es **casada**.)
7. Il est … … … (Él es **joven**.)
8. Elle est … … … (Ella es **joven**.)
9. Il est … … … (Él es **Indio**.)
10. Elle est … … … (Ella es India.)

Día 03 – Describiendo personas (plural)

Describiendo personas (plural)
Jeff et Emma **sont** étudian**ts**. (Jeff y Emma **son** estudiantes.)
Ils sont jeunes. (**Ellos son** jovenes.)
Ils sont grands. (**Ellos son** altos.)
Ils sont petits. (**Ellos son** bajos.)
Ils sont bruns. (**Ellos son** de pelo castaño.)

Ils = Jeff y Emma (**Ellos**) : **Ils sont** grands. (**Ellos son** altos.)

Emma et Nathalie **sont** étudian**tes**. (Emma y Nathalie **son** estudiantes.)
Elles sont Canadiennes. (**Ellas son** Canadienses.)
Elles sont étudiantes. (**Ellas son** estudiantes.)
Elles sont grandes. (**Ellas son** altas.)
Elles sont brunes. (**Ellas son** de pelo castaño.)

Elles = Emma y Nathalie (**Ellas**): **Elles sont** grandes. (**Ellas son** altas.)

Singular	Plural
Il est **grand**. (Él es **alto**. *Singular masculino*)	**Ils sont** gran**ds**. (Ellos son **altos**. *Plural masculino*)
Elle est **grande**. (Ella es **alta**. *Singular femenino*)	**Elles sont** gran**des**. (Ellas son **altas**. *Plural femenino*)
Il est **fascinant**. (Él es **fascinante**. *Singular masculino*)	**Ils sont** fascinan**ts**. (Ellos son **fascinantes**. *Plural masculino*)
Elle est **fascinante**. (Ella es **fascinante**.)	Elles sont **fascinantes**. (Ellas son **fascinantes**. *Plural femenino*)
Il est **grand**, Elle est **grande**. (Él es **alto**, Ella es **alta**.)	Ils sont **grands**. (Ellos son **altos**. *ils* = *ellos, él y ella* – los adjetivos siempre van en la forma mascula cuando describen tanto masculine como femenino)

Algunas terminaciones de adjetivos no cambian, si son singulars o plurales, y algunos simplemente se le coloca una "s" para el plural

Jeff est **français**. (Jeff es francés.)   Jeff et Arthur sont **français**. (Jeff y Arthur son **franceses**.)

Il est **drôle**. (Él es gracioso.)   Ils sont **drôles**. (Ellos son **graciosos**.)

Ejercicio

Describiendo personas (plural)

1. Jeff et Emma **sont** étudian**ts**. (Jeff y Emma **son** estudiantes.)
2. Ils ……………………… (Ellos **son** franceses.)
3. Ils ……………………… (Ellos **son** altos. *Plural masculino*)
4. Elles ……………………… (Ellas **son** altas. *Plural femenino*)
5. Ils ……………………… (Ellos **son** de pelo castaño. *Plural masculino*)
6. Emma et Nathalie ……………………… (Emma y Nathalie **son** estudiantes.)
7. Elles ……………………… (Ellas **son** fascinantes.)

Plural y **singular**

1. Jeff est **grand**. (Jeff es **alto**.)
2. Jeff et Arthur ……………………… (Jeff y Arthur **son altos**.)
3. Il est …………… (Él es **fascinante**.)

4. Jeff et Emma … … … … … … … … … … … … … (Jeff y Emma **son fascinantes**.)
5. Emma et Nathalie … … … … … … … … … … … (Emma y Nathalie **son** fascinantes.)
6. Jeff et Arthur … … … … … … … … … … (Jeff y Arthur **son** fascinantes.)
7. Ils … … … … … … … … … (Ellos **son** jovenes.)

Día 04 – Más sobre palabras masculinas y femeninas comúnes

① Palabras que terminan en **-er**

ER → ÈRE
+ E

Masculino
- berg**er** (pastor)
Il est berg**er**. (Él es un pastor.)
- étrang**er** (extranjero)
Il est étrang**er**. (Él es extranjero.) *gabacho*
- magasini**er** (tendero)
Il est magasini**er**. (Él es un tendero.)

Femenino
- berg**ère** (pastora)
Elle est berg**ère**. (Ella es una pastora.)
- étrang**ère** (Extranjera)
Elle est étrang**ère**. (Ella es una extranjera.)
- magasini**ère** (tendera)
Elle est magasini**ère**. (Ella es una tendera.)

② Palabras que terminan en **-eur** se convierten en **-euse**   *EUR → EUSE*

Masculino
- un élev**eur** (Un granjero)
Il est élev**eur**. (Él es un granjero.)

Femenino
- une élev**euse** (Una granjera)
Elle est élev**euse**. (Ella es una granjera.)

- un serv**eur** (Un mesero)
Il est serv**eur**. (Él es un mesero.)

- une serv**euse** (Una mesera)
Elle est serv**euse**. (Ella es una mesera.)

! **nota**: *en francés, los nombres de las profesiones no llevan el artículo*
Por ejemplo:
Estoy buscando un mesero, *Je cherche **un** serveur,* lleva el artículo.
Él es mesero, *Il est serveur*, sin artículo.

- heur**eux** (feliz)
Il est heur**eux**. (Él está feliz.)

- heur**euse** (feliz)
Elle est heur**euse**. (Ella está feliz.)

La mayoria de las palabras que terminan e -teur se convierten en –trice

Masculino
- un édi**teur** (un editor)
Il est édi**teur**. (Él es un editor.)
- un produc**teur** (un productor)
Il est produc**teur**. (Él es un productor.)

Femenino
- une édi**trice** (una productora)
Elle est édi**trice**. (Ella es una editora.)

- une produc**trice** (una productora)
Elle est produc**trice**. (Ella es una productora.)

Excepción
- un chan**teur** (un cantante)
Il est chan**teur**. (Él es un cantante.)

- une chan**teuse** (una cantante)
Elle est chan**teuse**. (Ella es una cantante.)

Algunos adjetivos irregulares

Masculino
- blan**c** (Blanco, *la c es silenciosa*)
Il est blan**c**. (Él es blanco.)
- b**eau** (apuesto)
Il est b**eau**. (Él es apuesto.)
- gro**s** (largo/grande, *la s es silenciosa*)
Il est gro**s**. (Él es largo/grande.)
- vi**eux** (viejo)
Il est vi**eux**. (Él es viejo.)
- genti**l** (gentil, *la l es silenciosa*)

Femenino
- blan**che** (Blanca)
Elle est blan**che**. (Ella es blanca.)

- b**elle** (hermosa)
Elle est b**elle**. (Ella es hermosa.)
- gro**sse** (larga/grande)
Elle est gro**sse**. (Ella es larga/grande.)
- vi**eille** (vieja)
Elle est vi**eille**. (Ella es vieja.)
- genti**lle** (gentil, *ambas l son silenciosas*)

ambos gentil y gentille son pronunciados de la misma forma
Il est genti**l**. (Él es gentil.)   Elle est genti**lle**. (Ella es gentil.)

Ejercicio
Palabras que terminan en -er
1. Il est berg**er**. / Elle est berg**ère**. (Él es un pastor. / Ella es una pastora.)
2. Il est étrang...... / Elle est étrang...... (Él es un extranjero. / Ella es una extranjera.)
3. Il est infirmi...... / Elle est infirmi...... (Él es un enfermero/ Ella es una enfermera.)
4. Il est boulang...... / Elle est boulang...... (Él es un panadero. / Ella es una panadera.)
5. Il est magasini...... / Elle est magasini...... (Él es un tendero. / Ella es una tendera.)

Palabras que terminan en -eur
1. Il est élev**eur**. / Elle est élev**euse**. (Él es un granjero. / Ella es una granjera.)
2. Il est ment...... Elle est ment...... (Él es un mentiroso. / Ella es una mentirosa.)
3. Il est serv......... / Elle est serv......... (Él es un mesero. / Ella es una mesera.)
4. Jeff est heur......... / Emma est heur......... (Jeff es feliz. / Emma es feliz.)

Algunas profesiones que terminan en -teur
1. Il est édi**teur**. / Elle est édi**trice**. (Él es un editor. / Ella es una editora.)
2. Il est agricul......... / Elle est agricul......... (El es un granjero. / Ella es una granjera.)
! Nota: élev**eur**/élev**euse** (granjero con animales), agricul**teur**/agricul**trice** (granjero en los campos)
3. Il est produc......... / Elle est produc......... (Él es un productor. / Ella es una productora.)
4. Il est ac......... / Elle est ac......... (Él es un actor. / Ella es una actriz.)
5. Il est chan......... / Elle est chan......... (Él es un cantante. Ella es una cantante.)

Terminaciones de adjetivos irregulares
1. Il est gros. / Elle est gros**se**. (Él es largo/grande. / Ella es larga/grande.)
2. Il est blan.... / Elle est blan......... (Él es blanco. / Ella es blanca.)

3. Il est genti... / Elle est genti......... (Él es gentil. / Ella es gentil)
4. Il est b......... / Elle est b......... (Él es apuesto. / Ella es hermosa.)
5. Il est vi.......... / Elle est vi......... (Él es viejo. / Ella es vieja.)

Día 05 – *Verbo importante Yo soy:* **el verbo ser/estar: Je suis ... (Yo soy ...), vous êtes ... (usted es...)**

Il **est**... (Él **es**...)
Jeff, il **est** gentil. (Jeff, él **es** gentil.)

El verbo ser/estar, **être**, es conjugado de acuerdo con el sujeto.
! *Atención: este es uno de los tres verbos mas importantes en el francés*

Je (Yo) **suis**... (**soy**...)
Tu (tú) **es**... (**eres**...)

Il (él)
Elle (ella)   **est** (es)
On (uno o nosotros)

Nous (nosotros) **sommes** (somos)
Vous (usted) **êtes** (es)

Ils (ellos *masculinos o mezclados*) **sont** (son)
Elles (ellas *femenino*) **sont** (son)

Je	Yo
Tu	Tú, por ejemplo, un amigo o un familiar
Il	Él
Elle	Ella
On	Uno, como *uno puede ir, Uno puede comer...* ó, nosotros *in de manera informal*
Nous	nosotros
Vous	Usted, un amigo no cercano y, el *plural* de tú
Ils	Ellos, *todos masculinos o mezclado*
Elles	Ellas, todas femenino

je	**suis**	Yo soy
tu	**es**	Tu eres
il	**est**	Él es

elle	**est**	Ella es
on	**est**	Uno es / nosotros somos (informal)
nous	**sommes**	Nosotros somos
vous	**êtes**	Usted es
ils	**sont**	Ellos son
elles	**sont**	Ellas son

Je **suis** jeune. (Yo **Soy** joven.)

Para tu amigo: Tu **es** jeune. (Tú **eres** joven.)
Il **est** jeune. (Él **es** joven.)
Elle **est** jeune. (Ella **es** joven.)
Conversación informal entre amigos: On **est** jeune**s**. (Nosotros **somos** jovenes.)
Nous **sommes** jeunes. (Nosotros **somos** jovenes.)
Para alguien que no conoces bien: Vous **êtes** jeune. (Usted **es** joven.)
Para un grupo de dos o mas personas: Vous **êtes** jeunes. (Ustedes **son** jovenes.)
Ils **sont** jeunes. (Ellos **son** jovenes.)
Elles **sont** jeunes. (Ellas **son** jovenes.)
On (uno, cuando se use como *Uno puede ir, Uno puede decir, etc*) Toma el adjetivo calificador singular: On **est** jeune. (Uno **es** joven.)
On (nosotros, cuando se use para referirse a *nosotros* en un dialogo informal) toma el adjetivo calificardor plural: On **est** jeune**s**. (Nosotros **Somos** Jovenes)

Ejercicio.
Verbo ser/estar: être, conjugado
1. Je … … … Jeff. (Yo **soy** Jeff.) – Je **suis** Jeff.
2. Tu … … … Emma. (Tú **eres** Emma.)
3. Il … … … Jeff. (Él **es** Jeff.)
4. Elle … … … Emma. (Ella **es** Emma.)
5. On … … … gentils. (Nosotros **somos** gentiles. *Nosotros informal*)
6. Nous … … … grands. (Nosotros **somos** altos.)
7. Vous … … … grand. (Usted **es** alto.)
8. Vous … … … gentils. (Ustedes **son** gentiles.)
9. Ils … … … gentils. (Ellos **son** gentiles. *Dos o mas masculinos ó*

masculinos y femeninos mezclados)
10. Elles ... ... gentilles. (Ellas **son** gentiles. *Dos o más femeninos*)

Día 06 – Verbos que terminan en–er (1): parler (hablar), etc

Parler, hablar: Je parl**e**. (Yo hablo. ó yo estoy hablando. *No hay presente continuo en francés*) Je parl**e** français. (Yo hablo francés.)
Regarder, mirar: Je regard**e** la télé. (Yo miro TV / Yo estoy mirando TV.)
Travailler, trabajar: Je travaill**e**. (Yo trabajo. / Yo estoy trabajando.)
Manger, comer: Je mang**e**. (Yo como. / Yo estoy comiendo.)
Téléphoner, llamar (en el telefono): Je téléphon**e**. (Yo llamo. / Yo estoy llamando.)
Écouter, escuchar: J'écout**e**. (Yo escucho. / Yo estoy escuchando.)
Étudier, estudiar: J'étudi**e**. (Yo estudio. / Yo estoy estudiando.)
Habiter, vivo: J'habit**e**. (Yo vivo. / Yo estoy viviendo.)
Aimer, amar: J'aim**e** cette histoire. (Yo amo esta historia.)

Sujeto	*manger* (comer)	*Oración de ejemplo*
Je	mang**e**	*Je mange du yaourt.* (Yo como yogurt.)
Tu	mang**es**	*Tu manges du yaourt.* (Tú comes yogurt.)
Il	mang**e**	*Il mange du yaourt.* (Él come yogurt.)
Elle	mang**e**	*Elle mange du yaourt.* (Ella come yogurt.)
On	mang**e**	*On mange du yaourt.* (Nosotros comemos yogurt.)

Nous	mang**eons**	*Nous mangeons du yaourt.* (Nosotros comemos yogurt.)
Vous	mang**ez**	*Vous mangez du yaourt.* (Usted come yogurt.)
Ils	mang**ent**	*Ils mangent du yaourt.* (Ellos comen yogurt.)
Elles	mang**ent**	*Elles mangent du yaourt.* (Ellas comen yogurt.)

Sujeto	*écouter* (escuchar)	*Oración de ejemplo*
J'	écoute	*J'écoute de la musique.* (Yo escucho música.)
Tu	écout**es**	*Tu écoutes de la musique.* (Tú escuchas música.)
Il	écoute	*Il écoute de la musique.* (Él escucha música.)
Elle	écoute	*Elle écoute de la musique.* (Ella escucha música.)
On	écoute	*On écoute de la musique.* (Nosotros escuchamos música.)
Nous	écout**ons**	*Nous écoutons de la musique.* (Nosotros escuchamos música.)
Vous	écout**ez**	*Vous écoutez de la musique.* (Usted escucha música.)
Ils	écout**ent**	*Ils écoutent de la musique.* (Ellos escuchan música.)
Elles	écout**ent**	*Elles écoutent de la musique.* (Ellas escuchan música.)

Ejercicio
Verbos que terminan en -er (1)

1. Tu regard….. la télé. (Tú estas mirando TV.) - Tu regard**es** la télé.
2. Il regard….. la télé. (Él está mirando TV.)
3. Nous regard….. la télé. (Nosotros estamos mirando TV.)
4. Vous regard….. la télé. (Usted está mirando TV.)
5. Tu parl…… (Tú estas hablando.)
6. Je téléphon….. à ma mère. (Yo estoy llamando a mi madre.)
7. Nous téléphon….. à nos parents. (Nosotros estamos llamando a nuestros padres.)

8. Elles mang..... du yaourt. (Ellas estan comiendo yogurt.)

B.
1. Je .... un roman. (*étudier*) (Yo estoy estudiando una novela.) - J'étudie un roman.
2. Elle .... à sa mère. (*téléphoner*) (Ella está llamando a su madre.)
3. Vous .... une série télé. (*regarder*) (Usted está viendo una serie de TV.)
4. Je .... (*travailler*) (Yo estoy trabajando.)
5. Ils .... (*travailler*) (Ellos están trabajando.)
6. Elle .... (*manger*) (Ella está comiendo.)
7. Il .... à Paris. (*habiter*) (Él vive en Paris.)
8. Tu .... la télé. (*regarder*) (Tú estas viendo TV.)

Día 07 – Verbos que terminan en –er (2): verbos reflexivos

¿Que es un verbo reflexivo? – un verbo reflexivo es donde *el sujeto* y *el objeto* de un verbo son el mismo. Por ejemplo:
Se laver – Lavarse
Je **me** lave. (Yo me lavo. *reflexivo*)
Je lave mon vélo. (Yo lavo mi bicicleta. *no reflexivo*)

Se regarder – Mirarse a uno mismo (en un espejo)
Elle **se** regarde. (Ella se está mirando a sí misma.)

La conjugación del verbo es la misma que en **verbos que terminan en –er (1)**, *Día 06, solo se le añade el* **pronombre reflexivo** *entre el sujeto y el verbo conjugado.*

Je	me	lave.	(Yo me lavo).
Tu	te	laves.	(Tú te lavas.)
Il			(Él se lava.)
Elle	se	lave.	(Ella se lava.)
On			(Uno se lava.)
Nous	nous	lavons.	(Nosotros nos lavamos.)
Vous	vous	lavez.	(Usted se lava)
Ils/Elles	se	lavent.	(Ellos se lavan.)

Si el verbo comienza con una vocal o una consonante silenciosa, **me**, **te**, y **se** son recortados a **m'**, **t'**, y **s'**.

Je **m'**appelle Jeff. (Me llamo Jeff. *significa "Mi nombre es Jeff.*)
Elle **s'**appelle Emma. (Ella se llama Emma. *Significa "Su nombre es Emma.*)
Tu **t'**appelles comment ? (¿Como te llamas?, comment =Como, *significa "¿Cual es tu nombre?"*) **Tu** (**te**) es tú, úsalo para preguntarle el nombre a alguien solo a un niño, no a un adulto al cual tu no conoces.
Je **m'**habille. (Yo me estoy vistiendo.)
Elle **s'**habille et elle **se** regarde. (Ella se esta vistiendo y viendose)

Ejercicio
Verbos que terminan en -er (2), Verbos reflexivos
1. Je … … … lève à 7 heures. (Yo **me levanto** a las 7am.) - Je **me** lève à 7 heures.
2. Tu … … … lèves à quelle heure ? (¿Tu **te levantas** a que hora?)
3. Nous … … … regardons. (Nos miramos **el uno al otro**.)
4. Jeff … … … regarde à la télé. (Jeff esta viendose **a si mismo** en TV. *Es un video actuado por el mismo, asi que él esta en el video.*)
5. Tu … … … parles. (Tu estas hablando contigo **mismo**.)
6. Vous … … … levez à quelle heure ? (¿Usted **se levanta** a que hora?)
7. Quand je suis sale, je … … … lave. (Cuando estoy sucio, me lavo **a mi mismo**.)

Dia 08 – Verbos que terminan en –er (3): casos especiales

Caso 1
Con los verbos que terminan en –eler or –eter, Cuando se conjugan, las consonantes **l** y **t** son duplicadas *si la **vocal** siguiente es silenciosa*.

Jeter, tirar
Je **jette**. (Yo estoy tirando. *Aqui la e luego de la letra t es silenciosa*)
Vous **jetez**. (Usted esta tirando. *la e luego de la letra t es pronunciada*)

Tu **jette**s. (Tu estas tirando.)
Il **jette**. (Él esta tirando)
Ils **jette**nt. (Ellos estan tirando.)
But:
Nous **jeton**s. (Nosotros estamos tirando.)
Vous **jetez**. (Usted esta tirando.)

Appeler, Llamar
J'app**elle**. (Yo estoy llamando.)
Tu app**elle**s. (Tu estas llamando.)
Il app**elle**. (Él esta llamando.)
Ils app**elle**nt. (Ellos estan llamando)
But:
Nous app**elons**. (Nosotros estamos llamando.)
Vous app**elez**. (Usted esta llamando)

Caso 2
Con verbos que tienen dos **e** en el final, por ejemplo, -**eter**, -**erer**, etc, cuando estan conjugados, la primera *e or é* se convierte en *è si la segunda* **vocal** *es silenciosa.*

Répéter, repetir.
Je rép**è**te. (Yo estoy repitiendo.)
Tu rép**è**tes. (Tu estas repitiendo.)
Il rép**è**te. (Él esta repitiendo.)
Ils rép**è**tent. (Ellos estan repitiendo).
Pero:
Nous rép**é**tons. (Nosotros estamos repitiendo.)
Vous rép**é**tez. (Usted esta repitiendo.)

Préférer, preferir
Je préf**è**re. (Yo prefiero)
Tu préf**è**res. (Tu prefieres.)
Il préf**è**re. (Él prefiere.)
Ils préf**è**rent. (Ellos prefieren.)
Pero:
Nous préf**é**rons. (Nosotros preferimos.)
Vous préf**é**rez. (Usted prefiere.)

Enlever, quitarse
J'enl**è**ve mon manteau. (Yo me estoy quitando mi abrigo.)
Tu enl**è**ves ton manteau. (Tú te estas quitando tu abrigo.)
Il enl**è**ve son manteau. (Él se está quitando su abrigo.)
Ils enl**è**vent leurs manteaux. (Ellos se están quitando sus abrigos.)
Pero:
Nous enl**evons** nos manteaux. (Nosotros nos estamos quitando nuestros abrigos.)
Vous enl**evez** votre manteau. (Usted se está quitando su abrigo.)

Caso 3

Verbos que terminan en **–ger**, *manger, voyager, changer, nager, partager,* cuando se conjugan con el sujeto **nous**, y la *e* se añade entre **g** y la terminación **–ons**: **-geons**

Manger, comer
Nous man**geons**. (Nosotros estamos comiendo.)

Caso 4

Verbos que terminen en **–cer** *se transforman en* **–çons** cuando se conjugan con el sujeto **nous**.

Avancer, venir/avanzar
Nous avan**çons**. (Nosotros estamos avanzando.)
Commencer, Comenzar
Nous commen**çons**. (Nosotros estamos comenzando.)

Caso 5

Payer, pagar, y **envoyer**, envíar: cuando se conjugan con los **sujetots** *je, tu, il, ils, elles,* se le añade una *i* entre *a/o* y *e*, sin embargo, es opcional para **payer**, pero requerida para **envoyer**.
Je pa**i**e. / Je paye. (Yo pago.)
Tu pa**i**es. / Tu payes. (Tu pagas.)
Il pa**i**e. / Il paye. (El paga.)
Ils pa**i**ent. / Ils payent. (Ellos pagan.)
Pero, solo un deletreo con *nous y vous*:

Nous payons. (Nosotros pagamos.)
Vous payez. (Usted paga.)

Envoyer, envíar
J'envo**ie**. (Yo estoy enviando.)
Tu envo**ies**. (Tú estas enviando.)
Pero:
Nous envoyons. (Nosotros estamos enviando.)
Vous envoyez. (Usted está enviando.)

En la sección de ejercicios, usarás el verbo **envoyer** para combinarlo con los sujetos dados, como se muestra arriba.

Ejercicio
Verbos que termina en -er (3): Casos especiales
Caso 1
1. Je j………… (Yo estoy tirando) - Je **jette**.
2. Tu j………… (Tu estas tirando.)
3. Il j………… (Él esta tirando.)
4. Ils j………… (Ellos estan tirando.)
5. Nous j………… (Nosotros estamos tirando.)
6. Vous j………… (Usted esta tirando.)

Caso 2
1. Je préf………… (Yo prefiero.) - Je préf**ère**.
2. Tu préf………… (Tu prefieres.)
3. Il préf………… (Él prefiere.)
4. Ils préf………… (Ellos prefieren)
5. Nous préf………… (Nosotros preferimos.)
6. Vous préf………… (Usted prefiere)

Caso 3
Manger, Nous man………… (Nosotros estamos comiendo.)

Caso 4
Avancer, Nous avan………… (Nosotros estamos avanzando.)

Commencer, Nous commen … … … … (Nosotros estamos comenzando.)

Caso 5
1. J'env … … … … (Yo estoy enviando un paquete.) - J'envo**ie** un colis.
2. Tu env … … … … un colis. (Tu estas enviando un paquete.)
3. Elle env … … … … un colis. (Ella esta enviando un paquete.)
4. Elles env … … … … un colis. (Ellas estan enviando un pasquete)
5. Vous env … … … … un colis. (Usted esta enviando un paquete.)
6. Nous env … … … … un colis. (Nosotros estamos enviando un paquete)

Dia 09 – Preguntas & Negacion (verb être)

Pregunta		Negación	
Est-ce que vous êtes Jeff ?	¿Tú eres Jeff?	Non. Je **ne** suis **pas** Jeff.	No. Yo no soy Jeff.
Est-ce que vous êtes Français ?	¿Eres francés?	Non. Je **ne** suis **pas** Français.	No. Yo no soy francés

Algunas **observaciones** para notar aquí:
- *en francés, siempre hay un espacio entre una palabra y el signo de pregunta, signo de exclamación, etc*
- *La negación está hecha de **ne** … **pas**, note su ubicación en las oraciones de ejemplo.*
- ***Est-ce que** es una manera muy clara de formar una pregunta. Cuando*

esta no es usada, debes depender de la entonación para hacer que la oración se entieda como una pregunta.

Est-ce que vous êtes Jeff ? (¿Usted es Jeff?) ó
Vous êtes Jeff ? (¿Usted es Jeff? *Acentúe la entonación en la palabra final*)
Non, je **ne** suis **pas** Jeff. Je suis son frère. (No, yo no soy Jeff. Soy su hermano.)

Ahora, preguntale a Emma si ella es francesa:
- *Emma,* ***est-ce que*** *vous êtes Française ?* (Emma, ¿Usted es francesa?)
- *Non, je* ***ne*** *suis* ***pas*** *Française. Je suis Canadienne.* (No, no soy francesa. Yo soy canadiense.)
- *Vous êtes la femme de Jeff ?* (¿Usted es la esposa de Jeff? *use entonación*)
- *Non, je* ***ne*** *suis* ***pas*** *la femme de Jeff. Je suis sa belle-sœur.* (No, no soy la esposa de Jeff. Yo soy su cuñada.)

Est-ce que je suis Jeff ? (¿Yo soy Jeff?) – Non, je **ne** suis **pas** Jeff. (No, yo no soy Jeff.)
Est-ce qu'il est Jeff ? (¿Él es Jeff?) – Non, il **n'**est **pas** Jeff. (No, él no es Jeff.)
Est-ce qu'elle est Jeff ? (¿Ella es Jeff?) – Non, elle **n'**est **pas** Jeff. (No, ella no es Jeff.)
Est-ce qu'ils sont Jeff et Emma ? (¿Ellos son Jeff y Emma?) – No, ils **ne** sont **pas** Jeff et Emma. (No, ellos no son Jeff y Emma.)
Est-ce que nous sommes Jeff et Emma ? (¿Nosotros somos Jeff y Emma?) – Non, nous **ne** sommes **pas** Jeff et Emma. (No, nosotros no somos Jeff y Emma.)
Est-ce que vous êtes Jeff ? (¿Usted es Jeff?) – Oui, je suis Jeff. (Si, si soy Jeff.)

Para revertir **sujeto+verbo** a **verbo-subjeto** para formar preguntas es otra opción, siempre se usa un **guión** (-) en francés en esta formación.
Êtes-vous Jeff ? (¿Es usted Jeff?)
Est-il Jeff ? (¿Es él Jeff?)
Est-elle Emma ? (¿Es ella Emma?)

Suis-je Jeff ? (¿Soy yo Jeff?)
Sommes-nous Jeff et Emma ? (¿Somos nosotros Jeff y Emma?)

Ejercicio
Pregunta
1. **Est**............ vous parlez anglais ? (¿Usted habla inglés?) - **Est-ce que** vous parlez anglais ?
2. **Parlez**............ anglais ? (¿Usted habla inglés?)
3. Vous .... anglais ? (¿Usted habla inglés? *use entonación*)
4. **Est**............ Emma est sa sœur ? (¿Es Emma la hermana de él?)
5. **Est**............ sa sœur ? (¿Es ella la hermana de él?)
6. Elle............ sa sœur ? (¿Ella es la hermana de él? *use entonación*)

Negación
1. Non, je............ (*parler*) français. (No, yo no hablo francés.) - Non, je **ne** parle **pas** français.
2. Non, il .... (*être*) Jeff. (No, él no es Jeff.)
3. Non, Emma .... (*être*) sa sœur. (No, Emma no es la hermana de él.)
4. Non, il .... (*être*) Japonais. (No, él no es japones.)
5. Non, elle .... (*être*) Française. (No, ella no es francesa.)

Día 10 – sustantivos y artículos: un homme (un hombre), une pomme (una manzana)

Masculino		Femenino	
un homme	Un hombre	**une** pomme	Una manzana
un arbre	Un árbol	**une** maison	Una casa

un (un, *masculino*), **une** (una, *femenino*), los artículos indefinidos son usados de acuerdo al género de su sustantivo, *arbre* (árbol, *masculino*), **un** arbre, *maison* (casa, *femenino*), **une** maison

Jeff est **un** homme. (Jeff es un hombre.)
Emma est **une** femme. (Emma es una mujer.)

C'est **un** arbre. (Eso es un árbol.)
C'est **une** maison. (Eso es una casa.)

Jeff est **un** étudiant. (Jeff es un estudiante.)
Emma est **une** étudiant**e**. (Emma es una estudiante.)
Il est **un** garçon. (Él es un chico.)
Elle est **une** fille. (Ella es una chica.)
Un père est **un** homme. (Un padre es un hombre.)
Une mère est **une** femme. (Una madre es una mujer.)
Jeff est **une** personne. (Jeff es una persona.)
Une maison est **une** chose. (Una casa es una cosa.)
Jeff est **un** ami. (Jeff es un amigo.)
Emma est **une** amie. (Emma es una amiga.)

Terminaciones masculinas y femeninas:
En la mayoría de los casos (no siempre), las palabras con las siguientes terminaciones son masculinas:
-*ment, un* mo*ment* (un momento)
-*phone, un* télé*phone* (un teléfono)
-*scope, un* came*scope* (una videocámara)
-*eau, un* mant*eau* (un (largo) abrigo)
-*teur, un* chan*teur* (un cantante)
-*age, un* voy*age* (un viaje)

En la mayoría de los casos (no siempre), las palabras con las siguientes terminaciones son *femeninas*:
-*tion* or *sion, une* télé*vision* (un televisor), *une* solu*tion* (una solución)
-*té, une* beau*té* (una belleza)
-*ture, une* lec*ture* (una lectura)
-*ette, une* dos*ette* (una bolsita *de café, por ejemplo*)
-*ance* or *ence, une* connaiss*ance* (un conocimiento), *une* diffé*rence* (una diferencia)

No tome por sentado los ejemplos anteriores, el género francés algunas veces es impredecible.. algunos ejemplos que no siguen los patrones usuales de género.
Masculino

un système (un sistema), *un* problème (un problema), *un* sourire (una sonrisa)
Femenino
une valeur (un valor), *une* couleur (un color), *une* peur (un miedo, *sentimiento de peligro*)

Ejercicios de Sustantivos y artículos: un homme (un hombre)
A. *Añada un artículo indefinido para cada uno de los siguientes sustantivos*
1. ……… maison (una casa *femenino*) - **une** maison
2. ……… ordinateur (una computadora *masculino*)
3. ……… chaise (una silla *feminine*)
4. ……… téléphone (un teléfono *masculino*)
5. ……… arbre (un árbol *masculino*)
6. ……… fleur (una flor *femenino*)
7. ……… page (una página *femenino*)

B. *Añada un artículo indefinido para cada uno de los siguientes sustantivos examinando sus terminaciones.*
1. ……… gouverne**ment** (un gobierno) – **un** gouverne**ment**
2. ……… décis**ion** (una desición)
3. ……… cout**eau** (un cuchillo)
4. ……… réali**té** (una realidad)
5. ……… donn**eur** (un donador)
6. ……… terr**eur** (un terror)
7. ……… mess**age** (un mensaje)
8. ……… pl**age** (una playa)

Día 11 – El plural de los sustantivos y los artículos: des hommes (hombres), des pommes (manzanas)

Singular		Plural	
un homme	Un hombre	**des** livres	libros
une maison	Una casa	**des** maisons	casas

Las palabras en francés, por lo general, están acompañadas de artículos
une connaissance (conocimiento *una familiraidad*)

des connaissances (conocimientos *diferentes familiaridades*)

Una palabra se vuelve plural añadiéndole una -*s* al final. Él artículo plural *des* es usado para sustantivos tanto femeninos como masculinos.
un ordinateur (una computadora), **des** ordinateur**s**
une femme (una mujer), **des** femme**s** (mujeres)
un garçon (un chico), **des** garçon**s** (chicos)
une table (una mesa), **des** table**s** (mesas)

Plurales irregulares
-*al* ó -*au* se convierten en -*aux*
un chât**eau** (un castillo), **des** chât**eaux**
un journ**al** (un periodico), **des** journ**aux**
un mant**eau** (un abrigo, *largo*), **des** mant**eaux**
Donde las terminaciones singulares y plurales son las mismas
un nez (una nariz), **des** nez (narices)
un tas (un montón), **des** tas (montones *de cosas*)
un choix (una desición), **des** choix (desiciones)
un pays (un país), **des** pays (paises)

[handwritten notes: UN CHEVAL → DES CHEVAUX / UN TRAVAIL → DES TRAVAUX / OEIL → LES YEUX / UN FESTIVAL → DES FESTIVAL]

Ejercicio
Los sustantivos plurales y artículos: des hommes (hombres), **des pommes** (manzanas)
Escriba el plural y el singular, como se muestra
1. C'est …………………… (arbre) (Es *un árbol*.) – C'est **un arbre**.
2. Ce sont …………………… (arbre) (Estos *son árboles*.)
3. C'est …………………… (homme) (Es *un hombre*.)
4. Ce sont …………………… (homme) (Estos *son hombres*.)
5. C'est …………………… (femme) (Es *una mujer*.)
6. Ce sont …………………… (femme) (Estas son *mujeres*.)
7. La France est …………………… (pays) (Francia *es un país*.)
8. La France et les Pays-Bas sont …………………… (pays) (Francia y Paises Bajos son *países*.)

Día 12 – Artículos definidos e indefinidos: une maison (*una* casa), la maison (*la* casa)

Artículos indefinidos: *un, une, des*
Un arbre (**un** árbol, *sin identificar*), **une** maison (**una** casa, *sin identificar*), **des** maisons (casas, *sin identificar*)
Jeff est **un** homme. (Jeff es **un** hombre).
Emma est **une** femme. (Emma es **una** mujer).
Ils habitent dans **des** maisons. (Ellos viven en casas).

un appartement (un apartamento), **un** bus (un autobús), **un** train (un tren)
une station (una estación), **une** porte (una puerta), **une** rue (una calle)
des appartements (apartamentos), **des** bus (autobuses), **des** trains

(trenes), **des** stations (estaciones), **des** portes (puertas), **des** rues (calles)

Artículos definidos: *le, la, les*
le livre de grammaire (**el** libro de gramática, *este libro, identificado*)
la maison de Jeff (la casa de Jeff, *identificado*)
les maisons de Jeff et Emma (las casas de Jeff y Emma, *identificado*)
Il est **le** frère de Jeff. (Él es el hermano de Jeff).
Elle est **la** sœur d'Emma. (Ella es la hermana de Emma).
Ce sont **les** livres de Jeff and Emma. (Estos son los libros de Jeff y Emma).

le café (el café), **l'**arbre (el árbol), **le** camion (el camión, *el camión de Jeff, por ejemplo*)
la boîte (la caja), **la** table (la mesa, *la que está usando, por ejemplo*), **la** musique (la música)
les pages (las páginas, *de este libro, por ejemplo*), **les** frères et sœurs (los hermanos y hermanas, *de Jeff y Emma, por ejemplo*)

Los artículos definidos singular, *le y la,* pueden ser usados para generalizar. Por ejemplo:
la femme (mujeres, *todas las mujeres en general*)
l'homme (hombres, *todos los hombres en general*)
le cinéma (cine, *el tema del drama en general*)
la lecture (lectura, *cualquier lectura*)
La lecture est bonne pour le savoir. (La lectura es buena para el conocimiento).

Ejercicio
Artículos definidos e indefinidos
Artículos indefinidos
1. Emma est … … … femme. (Emma es **una** mujer). - Emma est **une** femme.
2. **Un** arbre est **une** chose. (**Un** árbol es **una** cosa).

3. **Un** chat est **un** chat. (**Un** gato es **un** gato).
4. C'est **un** livre. (Es **un** libro).
5. **Un** arbre et **un** livre sont **des** objets. (**Un** árbol y **un** libro son objetos).
6. **Des** objets utiles (objetos útiles)

Artículos definidos
1. ... ... chat de Jeff (el gato de Jeff) – **le** chat de Jeff
2. **la** sœur d'Emma (la hermana de Emma)
3. **les** frères et sœurs d'Emma (los hermanos y hermanas de Emma)
4. Ce sont **les** livres de Jeff. (Estos son los libros de Jeff).

Artículos definidos singular usados para la generalización
1. ... ... homme est un animal. (Los hombres son animales. *Cualquier humano*) - **L'**homme est un animal.
2. J'aime bien **la** musique. (Me gusta la música).
3. **Le** chien est un animal domestique. (El perro es un animal doméstico).

Día 13 – El posesivo: mon (mi), son (su)...

La formación posesiva singular francesa depende del género de la palabra acompañante. Por ejemplo:

mère (madre, *femenino*), *père* (padre, *masculino*), ***ma*** *mère* (**mi** madre), ***mon*** *père* (mi padre)

vélo (bicicleta, *masculino*), *maison* (casa, *femenino*), ***mon*** *vélo* (**mi** bicicleta), ***ma*** *maison* (**mi** casa)

El posesivo (singular)	**Palabra masculina**	**Palabra femenina**

Gramática Francesa - principiante / elemental

mío/mía	**mon** vélo (mi bicicleta)	**ma** maison (mi casa)
tuyo/tuya (informal)	**ton** père (tu padre)	**ta** mère (tu madre)
suyo/suya	**son** vélo (su bicicleta)	**sa** maison (su casa)
nuestro/nuestra	**notre** père (nuestro padre)	**notre** mère (nuestra madre)
vuestro/vuestra	**leur** père (tu padre)	**leur** père (tu madre)
suyo/suya (formal o plural igual)	**votre** vélo (su bicicleta)	**votre** maison (su casa)

- J'aime **mon** père et **ma** père. (Yo amo a mi padre y a mi madre).
- Tu aimes **ton** père et **ta** mère. (Tú amas a tu padre y a tu madre).
- Il aime **son** père et **sa** mère. (Él ama a su padre y a su madre).
- Elle aime **son** père et **sa** mère. (Ella ama a su padre y a su madre).
- Nous aimons **notre** père et **notre** mère. (Nosotros amamos a nuestro padre y a nuestra madre).
- Ils aiment **leur** père et **leur** mère. (Ellos aman a su padre y a su madre)

Vous aimez **votre** père et **votre** mère. (Ustedes aman a su padre y a su madre).

El posesivo (plural)	**palabra plural** (ya sea masculine o femenino, el posesivo plural es el mismo)
míos/mías	**mes** vélos / **mes** maisons (mis bicicletas/casas)
tuyos/tuyas (informal)	**tes** parents / **tes** maisons (tus padres/casas)
suyos/suyas	**ses** vélos / **ses** maisons (sus bicicletas/casas)
nuestros/nuestras	**nos** parents (nuestros padres)
vuestros/vuestras	**leurs** parents (tus padres)
tuyos/tuyas *(formal o plural igual)*	**vos** vélos / **vos** maisons (sus bicicletas/casas)

- J'aime bien **mes** voisins. (Me gustan mis vecinos).

(**aimer** *amar*, **aimer bien** *gustar*)
- J'aime **mes** parents. (Amo a mis padres).
- Tu aimes bien **tes** voisins. (Te gustan tus vecinos).
- Tu aimes **tes** parents. (Amas a tus padres).
- Nous aimons bien **nos** voisins. (Nos gustan nuestros vecinos).
- Ils aiment bien **leurs** voisins. (Les gustan sus vecinos).
- Vous aimez bien **vos** voisins. (Te gustan tus vecinos).

Otra forma (otra, aparte de *mi, su, etc,*) de usar los pronombres posesivos definidos, la cola del perro (la queue **du** chien), la taza de café **de** Jeff (la tasse de café **de** Jeff), el sillín **de la** bicicleta (la selle **de la** bicyclette). Echa un vistazo más de cerca a la tabla que te muestro a continuación:

masculino	femenino	plural
du	*de la*	*des*
l'entrée **du** parc (la entrada del parque)	la porte **de la** maison (la puerta de la casa)	les sommets **des** montagnes (las cimas de las montañas)
le manteau **du** père (el abrigo del padre)	la robe **de la** mère (el vestido de la madre)	des jouets **des** enfants (juguetes de los niños)
le vélo **de l'**ami (la bicicleta del amigo)	le vélo **de l'**amie (la bicicleta del amigo)	
*Cuando el sustantivo comienza con una vocal, **de l'** es usada tanto para el femenino como para el masculino*		

Ejercicio
El posesivo singular: son (mi), **son** (su)...
1. … … … mère (**Mi** madre) – **Ma** mère
2. … … … père (**Mi** padre)
3. … … … vélo (**Mi** bicicleta)
4. … … … table (**Mi** mesa, *femenino*)
5. … … … frère (**Mi** hermano)
6. … … … maison (**Mi** casa)

El posesivo plural: mes (mis), **ses** (sus)...
1. .... parents (**Mis** padres) – **Mes** parents
2. .... parents (**Sus** padres)
3. .... vélos (**Mis** bicicletas)
4. .... tables (**Mis** mesas)
5. .... frères (**Sus** hermanos)
6. .... maisons (**Sus** casas)

El _de_ posesivo (du père = del padre)
1. Les fenêtres .... maison (femenino). (Las ventanas de la casa).
– Les fenêtres .... maison.
2. le chapeau .... père (el sombrero del padre)
3. la robe .... mère (el vestido de la madre)
3. l'amour .... frères (el amor de los hermanos)
4. les vêtements .... enfant

Día 14 – El demostrativo: ce livre (este libro), ces livres (estos libros)

Ce livre est bon. (Este libro está bueno).
Ces livres sont bons. (Estos libros están buenos).

Eche un vistazo más de cerca a los adjetivos demostrativos franceses (**ce, cet, cette, ces**) en la tabla que te muestro a continuación

sustantivos	masculino	femenino	plural
livre (libro)	**ce** livre (este libro)		**ces** livres (estos libros)
maison (casa)		**cette** maison	**ces** maisons

		(esta casa)	(estas casas)
arbre (árbol)	**cet** arbre (este árbol)		**ces** arbres (estos árboles)
homme (hombre)	**cet** homme (este hombre)		**ces** hommes (estos hombres)
femme (mujer)		**cette** femme (esta mujer)	**ces** femmes (estas mujeres)
table (mesa)		**cette** table (esta mesa)	**ces** tables (estas mesas)
téléphone (teléfono)	**ce** téléphone (este teléfono)		**ces** téléphones (estos teléfonos)
matin (mañana)	**ce** matin (esta mañana)		**ces** matins (estas mañanas)
jour (día)	**ce** jour (este día)		**ces** jours (estos días)
semaine (semana)		**cette** semaine (esta semana)	**ces** semaines (estas semanas)

Nota: si un sustantivo masculine comienza con una vocal, una *t* es adicionada al demostrativo *ce,* **ce** livre, sino **cet** arbre (este libro, este árbol)

Ce livre est joli. (Este libro es hermoso).
Cet arbre est grand. (Este árbol es alto).
Cette maison est rouge. (Esta casa es roja).
Ces chaussures sont rouges. (Estos zapatos son rojos).

Ejercicio Los adjetivos demostrativos (ce/cet/cette, *este/esta,* **ces,** *estos/estas***)**

1. ... ... maison est grande. (Esta casa es grande). – **Cette** maison est grande.
2. ... ... livre est rouge. (Este libro es rojo).
3. ... ... ordinateur est neuf. (Esta computadora es nueva).
4. ... ... ordinateurs sont neufs. (Estas computadoras son nuevas).
5. ... ... femme est Emma. (Esta mujer es Emma).
6. ... ... homme est Jeff. (Este hombre es Jeff).
7. ... ... maison est rouge. (Esta casa es roja).
8. ... ... maisons sont rouges. (Estas casas son rojas).
9. ... ... matin je suis à la maison. (Esta mañana estoy en casa).

10. ... ... après-midi tu es à la maison. (Esta tarde estás en casa).

$$\frac{O+}{cet} \quad \frac{O\rightarrow}{cette} \quad \frac{\text{??}}{ces}$$

ec
ce
cet

T es agregado porque = vocal

Día 15 – *Verbos importantes II*: **el verbo *tener*, avoir: J'ai ... (yo tengo...), il a ... (él tiene...), 1ra parte**

Avoir (tener), es conjugado de acuerdo al sujeto.
!*atención: este es uno de los tres verbos más importantes en francés.*

J'**ai** ... (Yo tengo...)
Tu **as**... (Usted tiene... *informal tú tienes*)
Il/Elle **a**... (Él/ella tiene...)
Ils **ont**... (Ellos tienen... *masculino o grupo mixto*)
Elles **ont**... (Ellas tienen... *grupo femenino*)

Nous **avons**... (Nosotros tenemos...)
Vous **avez**... (Vosotros tenéis... *formal o plural ustedes tienen*)

Para decir: tener una bicicleta
J'**ai** un vélo. (Yo tengo una bicicleta).
Tu **as** un vélo. (Tú tienes una bicicleta).
Il **a** un vélo. (Él tiene una bicicleta).
Elle **a** un vélo. (Ella tiene una bicicleta).
Jeff et Emma **ont** des vélos. (Jeff y Emma tienen bicicletas).
Emma et sa sœur **ont** des vélos. (Emma y su hermana tienen bicicletas).
Nous **avons** un vélo. (Nosotros tenemos una bicicleta).
Vous **avez** un vélo. (Ustedes tienen una bicicleta).

j'	**ai**	Yo tengo
tu	**as**	Tú tienes
il	**a**	Él tiene
elle	**a**	Ella tiene
on	**a**	Uno tiene / nosotros tenemos (informal)
nous	**avons**	Nosotros tenemos
vous	**avez**	Ustedes tienen
ils	**ont**	Ellos tienen
elles	**ont**	Ellas tienen

Ejercicio
El verbo *tener*: *avoir*

1. Je ... ... une sœur. (Yo tengo una hermana) – J'**ai** une sœur.
2. Jeff ... ... une sœur. (Jeff tiene una hermana).
3. Il ... ... une sœur. (Él tiene una hermana).
4. Emma ... ... un frère. (Emma tiene un hermano).
5. Elle ... ... un frère. (Ella tiene un hermano).
6. *A tu amigo*: Tu ... ... une voiture. (Tú tienes un auto).
7. Nous ... ... des vélos. (Nosotros tenemos bicicletas).
8. Ils ... ... une sœur et un frère. (Ellos tienen una hermana y un hermano)
9. Vous ... ... une maison. (Ustedes tienen una casa).

Día 16 – El verbo tener, avoir, 2ᵈᵃ parte

El verbo tener, **avoir**, es usado con:

Sensaciones
J'**ai** mal à la tête. (Tengo dolor de cabeza. /Me duele la cabeza).
Jeff **a** mal à la gorge. (Jeff tiene dolor de garganta).
Emma **a** mal au dos. (Emma tiene dolor de espalda./Le duele la espalda).

avoir mal + à + feminine noun
(la tête *la cabeza*)
J'**ai** mal à la gorge. (Tengo dolor de garganta).
Il **a** mal à la tête. (Él tiene dolor de cabeza).

avoir mal + au + masculine noun
(le dos *la espalda*)
Elle **a** mal au dos. (Ella tiene dolor de espalda)
J'**ai** mal au ventre. (Tengo dolor de estomago).

avoir mal + aux + plural noun (pieds *pies*)
*Il **a** mal aux pieds.* (Mis pies duelen).

J'ai froid. (Tengo frio).
Il **a** faim. (Él tiene hambre).
Emma **a** soif. (Emma tiene sed).
J'ai chaud. (Tengo calor [aquí]).
Jeff **a** sommeil. (Jeff tiene sueño).

J'ai besoin. (Necesito).
J'ai *besoin de* nourriture. (Necesito comer).
Il **a** *envie*. (Él quiere).
Il **a** *envie d'*un café. (Él quiere un café).
Elle **a** peur. (Ella tiene miedo).
Elle **a** *peur des* araignées. (Ella le tiene miedo a las arañas).
Ils **ont** *envie de* tout. (Ellos quieren todo).

Edad
J'ai 30 ans. (Tengo 30 años).
Elle **a** 25 ans. (Ella tiene 25 años).
Le bébé **a** 5 mois. (El bebé tiene 5 meses).
Elle est vieille. Elle **a** 107 ans. (Ella es vieja. Tiene 107 años).

Exercise The verb to have, avoir, 2nd part
Sensations
1. (Me duele la cabeza). *Je … … … à la tête.* – J'ai mal à la tête.
2. (Emma tiene dolor de espalda). *Emma … … … mal au dos.*
3. (Tengo frio). *Je … … … froid.*
4. (Ella tiene sed). *Elle … … … soif.*
5. (Él tiene sueño/Él quiere dormir). *Il … … … sommeil.*
6. (Él quiere un helado). *Il … … … … … … … … une glace.* (avoir envie de) (une glace = un helado)
7. (Los niños le tienen miedo a los monstruos). *Des enfants … … … … … … … … des monstres.* (avoir peur de) (des enfants = niños)

Edad
1. (Tengo 30 años). *Je .... 30 ans.* – J'**ai** 30 ans.)
2. Di tu edad: (Tengo......... años.) *Je .... ans.*
3. (Ella tiene 30 años). *Elle .... 30 ans.*
4. Pregúntale a alguien que edad tiene: (*cubriremos esto en el Día 17*): *Quel age .... ?* (¿Cuántos años tienes?)
(*Indicación: invierta "vous avez"*)

Día 17 – *Verbo importante* III: el verbo *ir*, aller: Je vais ... (Yo voy...), il va ... (él va...)

Aller (ir), se conjuga de acuerdo a su sujeto.
! *atención: Este es uno de los tres verbos más importantes en francés.*

Je **vais**... (Yo voy...)
Je **vais** à la maison. (Yo voy a la casa.)
Je **vais** au cinéma. (Yo voy al cine.)

Il **va**... (Él va...)
Il **va** à la plage. (Él va a la playa.)
Il **va** voir ses amis. (Él va a ver a sus amigos.)

Vous **allez**... (Usted va...)
Vous **allez** à la gare. (Usted va/está yendo a la estación de tren.)
Vous **allez** à l'aéroport. (Usted está yendo al aeropuerto.)

je	vais	Yo voy

Gramática Francesa - principiante / elemental

je	vais	Yo voy
tu	vas	Tu vas
il	va	Él va
elle	va	Ella va
on	va	Uno va / nosotros vamos (informal)
nous	allons	Nosotros vamos
vous	allez	Usted va
ils	vont	Ellos van
elles	vont	Ellas van

*Je **vais** manger.* (Yo estoy yendo a comer *aller + infinitivo*, vamos a cubrir esto con mas detalle en los tiempos futuros)

Il **va** en cavances. (Él se va de vacaciones.)

Ejercicio
El verbo ir: aller

A. Une lo siguiente

je
tu
il   allez
elle   vais
on   va   au parc. (Yo/Tú/Él/Ellos, etc, van al parque.)
nous   vont
vous   va
ils   allons
elles   vas

B.
1. Ils … … … … … chez le grand-père. (Ellos van a la casa del abuelo. *chez = la casa/el lugar*) – Ils **vont** chez le grand-père.
2. Vous … … … … … à la maison. (Usted esta yendo a casa.)
3. Emma … … … … … au cinéma. (Emma está yendo al cine.)
4. Jeff et Emma … … … … … au restaurant. (Jeff y Emma estan yendo al restaruante.)
5. Mes parents … … … … … en vacances. (Mis padres se van de vacaciones.)
6. Le frère de Jeff … … … … … à la gare le lundi. (El hermano de Jeff va a la estación de tren todos los lunes.)

Día 18 – Pregunta & Negación (verb avoir, tener)

Pregunta: tener, *avoir* (3 maneras de formar una pregunta con *avoir*)

Est-ce que vous **avez** soif ? (¿Usted tiene sed?)
Avez-vous soif ? (¿Tiene usted sed?)
Vous **avez** soif ? (¿Usted tiene sed? *La pregunta depende de la entonación.*)
Est-ce que tu **as** faim ? (¿Tú tienes hambre?)
As-tu faim ? (¿Tienes tú hambre?)
Tu **as** faim ? (¿Tú tienes hambre? *entonación*)
Est-ce que j'**ai** sommeil ? (¿Yo tengo sueño?)
Ai-je sommeil ? (¿Tengo yo sueño?)
J'**ai** sommeil ? (¿Tengo sueño? *entonación*)
Est-ce qu'il **a** froid ? (¿Él tiene frío?)
A-t-il froid ? (¿Tiene él frío? *La* **t** *solo es añadida por el sonido*)
Il **a** froid ? (¿Él tiene frío? *Entonación*)

Est-ce qu-elle **a** mal au dos ? (¿Ella tiene dolor de espalda?)
A-t-elle mal au dos ? (¿Tiene ella dolor de espalda?)
Elle **a** mal au dos ? (¿Ella tiene dolor de espalda? *Entonación*)
Est-ce qu'ils **ont** faim ? (¿Ellos tienen hambre?)
Ont-ils faim ? (¿Tienen ellos hambre?)
Ils **ont** faim ? (¿Ellos tienen hambre? *Entonación*)

Negación: tener, *avoir* (ne+avoir+pas de)

J'ai un chat. (Yo tengo un gato.) – Je **n**'ai **pas de** chat. (Yo no tengo un gato.)

ne... pas de...

Il a un vélo. (Él tiene una bicicleta.) – Il **n**'a **pas de** vélo. (Él no tiene una bicicleta.)

Tu **n**'as **pas de** vélo. (Tú no tienes una bicicleta.)

Elle **n**'a **pas de** chat. (Ella no tiene un gato.)

Vous **n**'avez **pas de** vélo. (Usted no tiene una bicicleta.)

Ils **n**'ont **pas de** maison. (Ellos no tienen una casa.)

Je **n**'ai **pas d**'envie. (Yo no quiero. *Refiriendose a "Yo no siento la necesidad."*)

Je **n**'ai **pas d**'envie *de* manger. (Yo no quiero comer. *Refiriendose a "Yo no tengo ganas de comer."*)

Il **n**'a **pas d**'ami. (Él no tiene (un) amigo(s). *pas de + sustantivo singular en francés*)

Si quieres especificar "un objeto definido", como en "Yo tengo la foto de la casa.", la photo (la foto), use **ne + avoir + la photo** (*los artículos definidos e indefinidos serán explicados en la sección "artículos"*)

J'ai la photo. (Yo tengo la foto. *La que tomamos esta tarde, por ejemplo*)

Je **n**'ai **pas** la photo. (Yo no tengo la foto. *La foto de la cual estamos hablando*)

Cuando se habla de un servicio, no objetos, utilice el definido: le téléphone (el teléfono fijo), la télévision (la TV por cable)

Je **n**'ai **pas** le téléphone. (Yo no tengo una línea telefónica fija.)

Elle **n**'a **pas** la télévision. (Ella no tiene TV por cable.)

Un cheval **n**'a **pas** l'électricité. (Un caballo no tiene electricidad.)

Il **n**'a **pas** le gaz. (El no tiene gas. *Si el solo usa electricidad, por ejemplo*)

Ejercicio
Pregunta & Negación (verbo *avoir*, tener)
Pregunta
1. ……………………… faim (tu) ? (¿Tú tienes hambre?) – **Est-ce que** tu **as** faim ? / **As**-tu faim ? / Tu **as** faim ?
2. ……………………… sommeil (je) ? (¿Tengo yo sueño?)
3. ……………………… (vous) soif ? (¿Tú tienes sed?)
4. ……………………… un chat ? (elle) (¿Ella tiene un gato?)
5. ……………………… froid ? (ils) (¿Ellos tienen frío?)

Negación
1. …………… un vélo (il/pas de). (Él no tiene una bicicleta.) – Il **n'**a **pas de** vélo.
2. ……………………… un chat. (je/pas de) (Yo no tengo un gato.)
2. ……………………… le gaz. (elle/negation) (Ella no tiene gas. *Ella usa electricidad en su casa, por ejemplo*)
3. ……………………… un cadeau. (vous/pas de) (Usted no tiene regalos.)
4. Bob Marley: …………… femme, …………… cri. (No mujer, no llores.)
5. ……………………… des problèmes. (ils/pas de) (Ellos no tienen problemas.)

Día 19 – Números franceses (1), fechas, días de la semana

(1) Números, (2) Fechas, días de la semana, partes del día

1. Numbers

0 **zéro**	Il a **zéro** défaut.	(Él tiene cero faltas.)
1 **un/une**	(de compras) **Un** café/**une** baguette, s'il vous plaît.	(Un café /un pan francés, por favor.)
2 **deux**	Ella a **deux** frères.	(Él tiene dos hermanos.)
3 **trois**	**trois** années en France	(Tres años en Francia)
4 **quatre**	Une table a **quatre** jambes.	(Una mesa tiene cuatro patas.)
5 **cinq**	Il travaille **cinq** jours par semaine.	(Él trabaja cinco días a la semana.)
6 **six**	Le bébé a **six** mois.	(Él bebé tiene seis meses de edad.)

7 **sept**	**sept** jours dans une semaine	(Siete días a la semana)
8 **huit**	Il marche **huit** kilomètres par jour.	(Él camina ocho kilometros al día.)
9 **neuf**	attendre **neuf** heures	(Esperando por nueve horas)
10 **dix**	**Dix** personnes ont le même prénom.	(Diez personas tienen el mismo nombre.)

2. Fechas, días de la semana, partes del día

lundi   (Lunes)
mardi   (Martes)
mercredi   (Miercoles)
jeudi   (Jueves)
vendredi   (Viernes)
samedi   (Sábado)
dimanche   (Domingo)

Para decir los días de la semana:
C'est **mardi**. ó On est **mardi**. (Es martes. *Dos maneras de decir los días de la semana*)
Para decir la *fecha*:
1) 2/9 : Nous sommes **le deux** septembre. (9/2 (US)/2/9 (UK): Es 2 de septiembre.)
3/11 : Nous sommes **le trois** novembre. (11/3 (US)/3/11 (UK): Es 3 de noviembre.)
2) Nous sommes **le lundi deux** avril. (Es lunes 2 de abril.)

Diferencia entre *samedi* y *le samedi*:
Samedi (El sabado que viene)
Le samedi (todos los sabados)
Je nage **le samedi** mais pas **samedi**. (Yo voy a nadir todos los sabados pero no este sabado.)
Jeff a un rendez-vous **lundi**. (Jeff tiene una cita este lunes.)
Emma à un rendez-vous **le lundi**. (Emma tiene una cita todos los lunes.)

Levantarse – 12 mediodía	**le** matin (mañana)
12 mediodía – 6 pm (o puesta del sol)	l'après-midi (tarde)
6 pm (o puesta del sol) – acostarse	**le** soir (noche)

acostarse – levantarse | **la** nuit (noche)

Ejercicios
Números franceses (1)
1. ... ... maisons (dos casas) – **deux** maisons
2. ... ... personnes (seis personas)
3. ... ... cafés, s'il vous plaît ! (*En un restaurant* Dos cafés, por favor.)
4. J'ai ... ... enfants. (Tengo tres hijos.)
5. Il mange ... ... pomme. (Él se está comiendo una manzana. *pomme – femenino*)
6. Ella a ... ... livre. (Ella tiene un libro. *livre - masculino*)

Fechas, días de la semana, partes del día
1. C'est ... ... (Es lunes.) – C'est **lundi**. (*small letters*)
2. C'est ... ... (Es sabado.) *Ahora escribe la otra forma de decirlo:* ... ... (*comenzando con* **On**... ...)
3. Diga: 3 de septiembre, ... septembre (*minusculas*)
4. Diga: Cada lunes, ...
5. Diga: El próximo martes, ...
6. ¿Como llamas al período en el que estas durmiendo? – ... ...

Día 20 – Diciendo la hora, números franceces (2)

(1) Diciendo la hora, (2) Números franceces (2ᵈᵃ parte)

(1) Diciendo la hora

Quelle heure **est-il** ? (¿Qué hora es?)

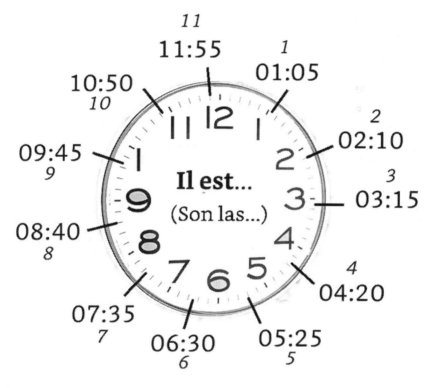

Il est... (Son las...)

1. **une heure cinq** (la una y cinco) – *01:05*
2. **deux heures dix** (las dos y diez) – *02:10*
3. **trois heures et quart** (las tres y cuarto) – *03:15*
4. **quatre heures vingt** (las cuatro y veinte) – *04:20*
5. **cinq heures vingt-cinq** (las cinco y veinticinco) – *05:25*
6. **six heures et demie** (las seis y media) – *06:30*

7. **huit heures moins vingt-cinq** (las siete y treinta y cinco) – *07:35*
8. **neuf heures moins vingt** (las ocho y cuarenta) – *08:40*
9. **dix heures moins le quart** (un cuarto para las diez) – *09:45*
10. **onze heures moins dix** (diez para las once) – *10:50*
11. **midi moins cinq / minuit moins cinq** (cinco para el mediodia/cinco para la medianoche) – *11:55*

En vez de utilizar 03:30, 04:45, 05:15 (luego del mediodia), los franceces normalmente usan :

17:30 : Il est **dix-sept heures trente**. (Son las cinco y treinta.)
16:45 : Il est **seize heures quarante-cinq**. (Son un cuarto para las cinco.)
19:15 : It est **dix-neuf heures quinze**. (Son las siete y cuarto.)

12:00 : **midi** (mediodía)
00:00 : **minuit** (medianoche)

(2) Números franceses (2da parte)

Cardinales

11 **onze**	14 **quatorze**	17 **dix-sept**
12 **douze**	15 **quinze**	18 **dix-huit**
13 **treize**	16 **seize**	19 **dix-neuf**

20 **vingt**	24 **vingt-quatre**	28 **vingt-huit**
21 **vingt et un**	25 **vingt-cinq**	29 **vingt-neuf**
22 **vingt-deux**	26 **vingt-six**	
23 **vingt-trois**	27 **vingt-sept**	

30 **trente**   31 **trente et un**   32 **trente-deux**

40 **quarante**   41 **quarante et un**   42 **quarante-deux**

50 **cinquante**   51 **cinquante et un**   52 **cinquante-deux**

60 **soixante**   61 **soixante et un**   62 **soixante-deux**

70 **soixante-dix**   72 **soixante et onze**   73 **soixante-douze**

80 **quatre-vingts**   81 **quatre-vingt-un**   82 **quatre-vingt-deux**

90 **quatre-vingt-dix**   91 **quatre-vingt-onze**   92 **quatre-vingt-douze**

100 **cent**   101 **cent un**   102 **cent deux**

200 **deux cents**   201 **deux cent un**   203 **deux cent trois**

300 **trois cents**   301 **trois cent un**   302 **trois cent deux**

500 **cinq cents**   501 **cinq cent un**   502 **cinq cent deux**

1 000 **mille**
10 000 **dix mille**
100 000 **cent mille**
1 000 000 **un million**
1 000 000 000 **un milliard**

Nota:
vingt y **cent**, cuando se multiplican, se les coloca la **s** de plural
deux cents (cent X 2 = 200)
quatre-vingts (vingt X 4 = 80)

Si están seguidos de otra palabra, **no** se utiliza plural
deux cent cinq (205)
quatre-vingt-un (81)

Ordinales

1er premier   4e quatrième   7e septième
2e deuxième   5e cinquième   8e huitième
3e troisième   6e sixième   9e neuvième

10ᵉ dixième
11ᵉ onzième
12ᵉ douzième
13ᵉ treizième
14ᵉ quatorzième
15ᵉ quinzième
16ᵉ seizième
17ᵉ dix-septième
18ᵉ dix-huitième
19ᵉ dix-neuvième
20ᵉ vingtième
21ᵉ vingt et unième
30ᵉ trentième
31ᵉ trente et unième
40ᵉ quarantième
41ᵉ quarante et unième
50ᵉ cinquantième
51ᵉ cinquante et unième
60ᵉ soixantième
61ᵉ soixante et unième
70ᵉ soixante-dixième
71ᵉ soixante et onzième
80ᵉ quatre-vingtième
81ᵉ quatre-vingt-unième
90ᵉ quatre-vingt-dixième
91ᵉ quatre-vingt-onzième

100ᵉ centième
101ᵉ cent unième
1 000ᵉ millième
1 001ᵉ mille et unième
1 000 000 millionième
1 000 001 million et unième

	masculino	femenino
El primero	**le premier**	**la première**
El ultimo	**le dernier**	**la dernière**

Ejercicio
Diciendo la hora
1. Son las 10 en punto. - ……………………… - (**C'est dix heures.**)
2. Son las 5:20. – …………………………
3. Son las 9:45. – ………………………… **moins le** quart.
4. Son las 7:45 pm. – (19:45) ………………………………
5. Son las 00:00. – ……………………………

Números franceces (2da parte)
Cardinales
1. Veintisiete – (27) ……………… - **Vingt-sept**
2. Trece – (13) ……………
3. Cincuenta y cinco – (55) …………………………………
4. Noventa y dos– (92) ………………………………
Ordinales
5. El segundo –
(*masculino*) …………………………
(*femenino*) ………………………

Día 21 – Ubicación: Je suis de New York (Yo soy de Nueva York), Je suis à Londres (Yo estoy en Londres.)

Vamos a decir que vives en Nueva York. Hoy estas de visita en Londres.
Tu es de New York. (Tú *eres de* Nueva York.) *Tu es à Londres.* (Tú estas *en* Londres.)

De (De)
Je suis **de** New York. (Yo soy de Nueva York.)
Il est **de** Paris. (Él es de Paris.)

Elle est **de** New Delhi. (Ella es de Nueva Delhi.)
Si el nombre empieza por una vocal, ej, Inde (India)
Il est **d'I**nde. (Él es de India.)
Elle est **d'I**talie. (Ella es de Italia.)

Près de (cerca)
Oxford est **près de** Londres. (Oxford está cerca de Londres.)
L'hôtel est **près de** la gare. (El hotel está cerca de la estación de tren.)
L'enfant est **près de** la mère. (El niño está cerca de la madre.)
Palabras que comienzan por vocal
L'hôtel est **près d'i**ci. (El hotel está cerca de aquí.)

Loin de (far from)
New York est **loin de** Londres. (Nueva York está lejos de Londres.)
Le soleil est **loin de** nous. (El sol está lejos de nosotros.)
Palabras que comienzan por una vocal
L'aéroport est **loin d'i**ci. (El aeropuerto está lejos de aqui.)

À *(en ciudades o pueblos.)*
1) Je suis **à** Londres. (Yo estoy en Londres.)
Emma est **à** New York. (Emma está en Nueva York.)
2) *À la* + *el sustantivo femenino*
Je suis **à** *la* plage. (Yo estoy en la playa.)
Il est **à** *la* maison. (Él está en la casa. *Refiriendose a Él está en su casa.*)
3) *Au* + *el sustantivo masculino*
Je suis **au** bar. (Yo estoy en el bar.)
Elle est **au** sommet. (Ella está en la cima.)

Chez (en la casa/lugar de alguien)
Je suis **chez** moi. (Yo estoy en casa.)
Il est **chez** lui. (Él está en casa.)
Elle est **chez** elle. (Ella está en casa.)
On mange **chez** toi. (Nosotros comeremos en tu lugar.)
Ils sont **chez** eux. (Ellos estan en sus casas.)
Jeff est **chez** ses amis. (Jeff está en la casa de su amigo.)
La gare est loin de **chez** nous. (La estación de tren está *lejos de casa/lejos de nuestra casa.*)

Rester chez vous

Exercise

Ubicación: Je suis de New York. (Yo soy de Nueva York.)

De *(De)*

1. Il est ... ... Londres. (Él es de Londres.) – Il est **de** Londres.
2. Elle est ... ... Paris. (Ella es de Paris.)
3. Je suis ... ... Rome. (Yo soy de Roma.)
4. Ils sont ... ...Inde. (Ellos son de India.)
5. Il est ... ... New York et elle est ... ... Italie.

Près de *(cerca)*

6. Nous sommes ... ... la gare. (Nosotros estamos cerca de la estación de tren.)
7. La mer est ... ... ici. (El mar está cerca de aquí.)

À *(en ciudades o pueblos.)*

1. Je suis ... ... Paris. (Yo estoy en Paris.) – Je suis **à** Paris.
2. Il est ... ... New York.
3. Ils sont ... ... New Delhi. (Ellos estan en Nueva Delhi.)

(con sustantivos femeninos)

4. Tu es ... ... plage. (Tú estas en la playa.)
5. Je suis ... ... maison. (Yo estoy en casa.)

(con sustantivos masculinos)

6. Il est ... ... café. (Él está en la cafetería.)
7. Ils sont ... ... parc. (Ellos están en el parque.)

Chez *(en la casa/lugar de alguien)*

1. Je suis ... ... moi. (Yo estoy en mi lugar. / Yo estoy en mi casa.) - Je suis **chez** moi.
2. Il est ... ... lui. (Él está en su lugar. / Él esta en su casa.)
3. Vous êtes ... ... vous. (Usted está en su lugar. / Usted está en su casa.)
4. Ils sont ... ... eux. (Ellos están en su lugar. / Ellos están en su casa.)
5. C'est tranquille ... ... nous. (Es calmado en nuestro lugar.)

Día 22 – Ubicación: ciudades vs. paises, à Paris (en Paris), en France (en Francia)

Hay dos cosas que hay que tener en cuenta a la hora de ubicar un punto geográfico;
(1) Es sobre *una ciudad*,
(2) Es sobre *un país*. Si es sobre un país, el género del nombre tiene peso en el uso de la preposición. Míralo mas detalladamente en la table a continuación.

Ville (Ciudad) - **à**
à Paris (en Paris) – Je suis à Paris.
à New York (en Nueva York) – Il est à New York.
à Tokyo (en Tokio) – Elle est à Tokyo.
Pero, si quieres decir, por ejemplo, Él está en la ciudad. ó Él vive en la ciudad. (refiriendose a que tiene un estilo de vida citadino) *sin especificar el nombre de una ciudad, en Francia se utiliza* **en ville**.
Il est **en** ville. (Él está en la ciudad. *En algún lugar de la ciudad*)
Il habite **en** ville. (Él vive en la ciudad. *Él vive en un estilo de vida citadino*)
Elle habite **en** ville. Elle habite **à** Londres. (Ella vive en la ciudad. Ella vive en Londres.)

Pays (pais) – **au/en/aux**
(*La "s" de "pays" es silenciosa, la misma palabra para plural o singular*)
Las preposiciones **au** y **en** son usadas de acuerdo al género del nombre del país.

Paises	*Masculino*	*Femenino*
la France (Francia)		**en** France (en Francia)
le Japon (Japon)	**au** Japon (en Japon)	
la Suisse (Suiza)		**en** Suisse
le Canada (Canada)	**au** Canada (en Canada)	

J'habite **en** France. (Yo vivo en Francia.)
Elle habite **au** Canada. (Ella vive en Canada.)

*Si un país tiene una terminación en plural, États-Uni<u>s</u> (Estados Unidos), por ejemplo, se usa la preposición **aux** sin importar si el nombre es masculino o femenino.*
aux États-Unis (en los Estados Unidos), **aux** Antilles (en las Antillas)
Jeff est **aux** États-Unis. (Jeff está en los Estados Unidos.)
Mes parents ont une maison **aux** Antilles. (Mis padres tienen una casa en las Antillas.)

*Si el nombre de algun pais en particular ==comienza con una vocal==, se utiliza la preposición **en** sin importar si el nombre es masculino o femenino.*
==**en**== Irak (en Irak), **en** Italie (en Italia)
Mohammed habite **en** Irak. (Mohammed vive en Irak.)
Laura habite **en** Italie. (Laura vive en Italia.)

Ejercicio
Unicación: ciudades vs. paises
Villes (ciudades)
1. J'habite ... ... (ville). (Yo vivo en la ciudad.) – J'habite **en** ville.
2. Il habite ... ... New York. (Él vive en Nueva York.)
3. Ils habitent ... ... Tokyo. (Ellos viven en Tokio.)
4. La vie ... ... rose. (La vida en rosa.) – canción cantada por Edith Piaf.

Pays (paises)
1. Emma est Canadienne. Elle habite ... ... Canada. (Emma es Canadiense. Ella vive en Canada.) – Elle habite **au** Canada.
2. Genève est ... ... Suisse. (Geneva es en Suiza.)
3. New York est ... ... États-Unis. (Nueva York es en los Estados Unidos.)
4. Mohammed est ... ... Irak. (Mohammed está en Irak.)
5. Laura est ... ... Italie. (Laura está en Italia.)

Día 23 – Ubicación: al/en/de; <u>au</u> cinéma. (<u>al</u> cine.) <u>du</u> cinéma. (<u>del</u> cine.)

(*Al*) ➡
- À la (al/en) + sustantivo femenino
- Au (al/en) + sustantivo masculino
- Aux (al/en) + sustantivo plural (ya sea masculino ó femenino)

1. **À la** (al/ent) + **sustantivo femenino**
Je suis **à la** maison. (Yo estoy en casa.)
Je donne une fleur **à la** dame. (Yo le doy una flor a la dama.)
Je souris **à la** lune. (Yo le sonrío a la luna.)

2. Au (a/en) + **sustantivo masculino**
Je suis **au** cinéma. (Yo estoy en el cine.)
Je regarde **au** tableau. (Yo estoy mirando a la pintura.)
Je regarde **au** loin. (Yo miro a lo lejos. *"loin" (lejos) es un sustantivo masculino francés*)

3. Aux (a/en) + **sustantivo plural** (ya sea masculino o femenino)
Il est **aux** toilettes. (Él está en el baño. *"toilettes" (inodoro) siempre es plural en francés*)
Il est souvent **aux** cafés. (El suele estar en cafés. *Refiriendose a que usualmente puedes verlo en diferentes cafés*)
Il envoie une lettre **aux** clients. (Él le está enviando una carta a los clientes.)

(De) ⬅

De la (De) + **sustantivo femenino**
Du (Del) + **sustantivo masculino**
Des (De) + **sustantivo plural** (ya sea masculino o femenino)

1. De la (De) + **sustantivo femenino**
Je reçois des lettres **de la** dame. (Yo recibo cartas de la dama.)
Il revient **de la** poste. (Él está volviendo de la oficina de correos.)
de la maison (De la casa)
de ma maison (De mi casa)

2. Du (De) + **sustantivo masculino**
Elle vient **du** Canada. (Ella es de Canada.)
C'est un cadeau **du** voisin. (Es un regalo del vecino.)
du pays (del pais)
de mon pays (de mi pais)

3. Des (De) + **sustantivo plural** (ya sea masculino o femenino)
Il est **des** États Unis d'Amérique. (Él es de los Estados Unidos de América.)
Elle est **des** Emirats Arabes Unis. (Ella es de los Emiratos Árabes Unidos.)
Un cadeau **des** parents (un regalo de padres)

*un cadeau **des** parents* (un regalo de padres)
*un cadeau **de mes** parents* (un regalo de mis padres)

Ejercicio
Ubicación: a/en/de
(A)
1. Je veux aller .... restaurant (masculino). (Quiero ir al restaurante. *"restaurant" es una palabra del inglés (comienzos del siglo 19) adoptada del francés)* – I veux aller **au** restaurant.)
2. J'ai envie d'aller .... magasins. (Quiero ir a las tiendas.)
3. Elle est .... plage (femenino). (Ella está en la playa.)
4. Mes parents sont .... maison (femenino). (Mis padres están en casa.)
5. Emma est .... marché (masculino). (Emma está en el mercado.)
6. Jeff est .... bibliothèque (femenino). (Jeff está en la librería.)
7. Je suis .... librairie (femenino). (Yo estoy en la tienda de libros.)

(De)
1. J'ai rencontré une fille .... Canada. (masculino) (Yo conocí a una chica de Canada.) – J'ai rencontré une fille **du** Canada.
2. On voit la maison .... parc (masculino). (Nosotros vemos la casa desde el parque.)
3. C'est une lettre .... sœur (femenino). (Es una carta de mi hermana.)
4. Une surprise .... Jeff (una sorpresa de Jeff)
5. Une surprise .... frère (masculino) (una sorpresa de mi hermano)
6. Je reçois des appels .... parents. (Yo recibo llamadas de mis padres.)
7. Je reçois des colis .... États Unis d'Amérique. (Yo recibo paquetes de USA.)

Día 24 – Sur la table (sobre la mesa), sous la table (debajo de la mesa)...

sous (debajo)   **sur** (sobre)   **dans** (en)   **devant** (en frente de)   **derrière** (detras)

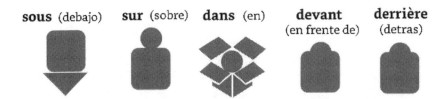

Sur (sobre)
Sur la table (sobre la mesa), *Le chat est **sur** la table.* (El gato está sobre la mesa.)
*Nous sommes **sur** une colline.* (Nosotros estamos sobre una colina.)

Sous (debajo)
Sous la table (debajo de la mesa), *La chat est **sous** la table.* (El gato está debajo de la mesa)
*Il est **sous** un arbre.* (Él está debajo de un árbol.)

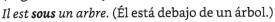

Dans (en)
Dans la boite (en la caja), *Le ballon est **dans** la boite.* (La pelota está dentro de la caja.)
*Elle est **dans** un parc.* (Ella está en un parque.)
Cuando use el francés **dans** (en), piense en un espacio cerrado.
*Je suis **dans** le train.* (Estoy en el tren.)
*Il est **dans** la voiture.* (Él está en el auto.)
*Elle est **dans** le bus.* (Ella está en el bus.)

Devant (en frente de)
Devant la maison (en frente de la casa), *L'arbre est **devant** la maison.* (El árbol está en frente de la casa.)
*La table est **devant** moi.* (La mesa está en frente de mi.)

Derrière (detrás)
Derrière la maison (detrás de la casa), *Le jardin est **derrière** la maison.* (El jardín está detrás de la casa.)
*Une rue est **derrière** la maison.* (Hay una calle detrás de la casa.)

Ejercicio
Sous (debajo), **sur** (sobre), **dans** (en), **devant** (en frente de), **derrière** (detrás)
1. L'ordinateur est .... la table. (La computadora está sobre la mesa.) – L'ordinateur est **sur** la table.
2. Le tapis est .... la table. (La alfombra está debajo de la mesa.)
3. Le chien est .... la maison. (El perro está en la casa.)
4. Jeff est .... la voiture. (Jeff está en el auto.)
5. Emma est .... la voiture. (Emma está en frente del auto.)
6. La maison est .... la voiture. (La casa está detrás del auto.)
7. Je suis .... le train. (Yo estoy en el tren.)

Día 25 – Il y a ... (hay...)

En francés, "hay" y "hay" se dicen de la misma manera usando: *Il y a* ...

Il y a un chat. (Hay un gato.)
Il y a deux chats. (Hay dos gatos.)
Il y a des chats. (Hay gatos.)
Il y a un chat sur la table. (Hay un gato sobre la mesa.)
Il y a la Tour Eiffel en France/à Paris. (Está la torre Eiffel en Francia/en Paris.)
Il y a des monuments en Grèce. (Hay monumentos en Grecia.)

*En **il y a**, la "a" es la forma conjugada del verbo "avoir" (tener), ¿recuerdan? Il a, j'ai, vous avez, ils ont... para decir "había" y "había"* *(tambien iguales), aprenderás a conjugar el verbo "avoir" en el tiempo pasado durante el Día 45 cubriendo el tiempo pasado.*

Pregunta
- **Qu'est-ce qu'il y a** ? (¿Qué hay ahí?) or **Qu'y a-t-il** ?
- **Qu'est-ce qu'il y a** sur la table ? (¿Qué hay ahí (ahí= y) sobre la mesa?) ó
Qu'y a-t-il sur la table ?
- **Il y a** un chat. (Hay un gato.)
- **Qu'est-ce qu'il y a** en ville ? (¿Qué hay ahí en la ciudad?) ó
Qu'y a-t-il en ville ?
- **Il y a** des magasins. (Hay tiendas.)
Qu'y (que = que) a-t-il ? (¿Que hay ahí?)
Y a-t-il ? (¿Hay?)
- **Y a-t-il** un chat ? (¿Hay un gato?)

Negación
Il n'y a pas de ... (No hay...)
- Est-ce qu'il a un chat sur la table ? (¿Hay un gato sobre la mesa?)
- Non, **il n'y a pas de** chat sur la table. (No, no hay un gato sobre la mesa.)
- Y a-t-il des maisons ? (¿Hay casas?)
- Non, **il n'y a pas de** maisons. (No, no hay casas.)

Ejercicio
Il y a ... (Hay...)
1. ... ... trois vélos. (Hay tres bicicletas.) – **Il y a** trois vélos.
2. ... ... un livre sur la table. (Hay un libro sobre la mesa.)
3. ... ... des fleurs dans un vase. (Hay flores en un florero.)
4. **Que** ... ... ? (¿Qué hay ahí?)
5. ... ... ton frère. (Ahí está tu hermano.)
6.
- **Y** ... ... quelque chose ? (¿hay algo?)
- Non. **Il** ... ... rien. (No, no hay nada.)

Día 26 – C'est... / Il est... (Es...)

Identificando el singular:
En francés, **C'est**... (es...) y **Il est**... (es...), cuando se usan juntos, son empleados en este orden; **C'est** primero y **Il est** segundo, si están hablando sobre el mismo objeto. Por ejemplo:
C'est un cadeau. (Es un regalo. *identificación*) **Il est** beau. (Es hermoso. *descripción*) *Aquí, ambos están hablando del mismo objeto.*
C'est Jeff. (Es Jeff.) **Il est** grand. (Es alto.)
C'est Emma. (Es Emma.) **Elle est** grande. (Es alta.)
C'est un homme. (Es un hombre.) **Il est** grand. (Es alto.)
C'est une femme. (Es una mujer.) **Elle est** grande. (Es alta.)
*! observación: **C'est**..., identificación singular, no cambia si el objeto es masculine o femenino. Solo cambia en la parte de la descripción..*

C'est un livre. (Es un libro.) **Il est** beau. (Es hermoso.)
C'est une maison. (Es una casa.) **Elle est** grande. (Es grande.)

C'est un homme. (Es un hombre.) **Il est** grand. (Es alto.)
C'est une femme. (Es mujer.) **Elle est** grande. (Es alta.)

Identificando el plural:
Ce sont... (Son...)

Ce sont Jeff et Emma. (Esos son Jeff y Emma.) **Ils sont** grands. (Son altos.)
Ce sont Emma et sa sœur. (Son Emma y su sister.) **Elles sont** grandes. (Son altas.)
Ce sont Jeff et son frère. (Son Jeff y su hermano.) **Ils sont** grands. (Son altos.)
Ce sont deux livres. (Son dos libros.) **Ils sont** utiles. (Son útiles.)
Ce sont deux tasses de thé. (Son dos tazas de té .) **Elles sont** jolies. (Son bonitas.)
! Observación: *Ce sont...*, *identificación plural, no cambia si el objeto es masculine o femenino. Solo cambia la parte de la descripción.*

Ce sont Jeff et Emma. (Son Jeff y Emma.) **Ils sont** grands. (Son altos.)
Ce sont des livres. (Son libros. *livre es masculino*) **Ils sont** beaux. (Son hermosos.)
Ce sont des maisons. (Son casas. *maison es femenino*) **Elles sont** grandes. (Son grandes.)

Otra manera de explicar esto es:
C'est y Ce sont + sustantivo (*ya que ellos estan identificando al objeto*)
Il est, Elle est, Ils sont, Elles sont + adjetivo (*ya que ellos están describiendo al objeto*)

identificación	C'est... / Ce sont...	+	sustantivo
descripción	Il est... / Elle est ... Ils sont... / Elles sont...	+	adjetivo

Ejercicio
C'est... / Il est... (Es...) *singular*
1. ... ... une tasse de thé. (Es una taza de té.) ... ... jolie. (Es bonita.) – **C'est** une tasse de thé. / **Elle est** jolie.
2. ... ... un sac. (Es un bolso.) ... ... joli. (Es bonito.)
3. ... ... un arbre. (Es un árbol.) ... ... grand. (Es alto.)
4. ... ... une femme. (Es una mujer.) ... ... jolie. (Es bonita.)
5. ... ... un homme. (Es un hombre.) ... ... beau. (Es apuesto.)

Ce sont... (Son...) *plural*

1. .... des tasses de thé. (Son tazas de té.) .... jolies. (Son bonitas.) – **Ce sont** des tasses de thé. / **Elles sont** jolies.
2. .... un livre et une tasse de thé. (Son un libro y una taza de té.) .... utiles. (Son útiles.)
3. .... une tasse de thé et une maison. (Son una taza de té y una casa.) .... des choses differentes. (Son cosas diferentes.)
4. .... Jeff et Emma. (Son Jeff y Emma.) .... amis. (Son amigos.)
5. .... Emma et sa sœur. (Son Emma y su hermana.) .... jolies. (Son bonitas.)

Día 27 – C'est... (es...) e Il/Elle est... (El/Ella es...), la diferencia

Cuando las expresiones **C'est**... e **Il est**... son usadas por separado, su uso es diferente.

C'est... (Es...), *describe algo en general, de la misma forma para el masculino, femenino o plural.*
Il/Elle est.../Ils/Elles sont... (Es... Ellos son...), *describe algo identificado, la modificacion del genero del objeto aplica.*

Une montagne (Una montaña *en general*), **c'est** haut (es alta).
Cette montagne, (Esta montaña, *identificada*), **elle est** haute (es alta).
Des montagnes (Las montañas, *en general*), **c'est** haut (son altas).
Ces montagnes (Estas montañas, *identificadas*), **elles sont** hautes (son altas).
Un livre (Un libro, *en general*), **c'est** utile (es útil).
Des livres (Los libros, *en general*), **c'est** utile (son útiles).
Ces livres (Estos libros, *identificados*), **ils sont** utiles (son útiles).
Ce livre (Este libro, *identificado*), **il est** utile (es útil).

C'est... es usado para comentar. C'est + adjectif, es siempre neutral, *no cambia* (para objetos masculinos, femeninos ni plurales). Por

ejemplo: fleur (flor, *sustantivo femenino*), plat (plato (comida), *sustantivo masculino*), mer (mar, *sustantivo femenino*), vélo (bicicleta, *sustantivo femenino*). Por ejemplo:
Des fleurs (Las flores), **c'est** beau (son hermosas).
Une fleur (Una flor), **c'est** beau (es hermosa).
Un vrai plat italien (Un verdadero plato italiano), **c'est** bon (es bueno).
Des vrais plats italiens (Los verdaderos platos italianos), **c'est** bon (son buenos).
La mer (El mar), **c'est** grand (es grande).
Les mers (Los mares), **c'est** grand (son grandes).
Un vélo (Una bicicleta), **c'est** utile (es útil).
Des vélos (Las bicicletas), **c'est** utile (son útiles).

Escenario: Estas probando algunas variedades de vinos locales. Al final, para resumir la experiencia, en una frase dices que todos son buenos, en francés dirías:
C'est bon ! (Son buenos).

Ejercicio
C'est... e **Il/Elle est...** , la diferencia
1. Cette table (Esta mesa), … … … … basse (es baja). -Cette table, **elle est** basse.
2. Une table (Una mesa), … … … … utile (es útil).
3. Des tables (Las mesas), … … … … utile (son útiles).
4. Ces tables (Estas mesas), … … … … utiles (son útiles).
5. Ce livre (Este libro), … … … … beau (es hermoso).
6. Un livre (Un libro), … … … … utile (es útil).
7. Ces livres (Estos libros), … … … … utiles (son útiles).

C'est... (para comentar)
1. L'hiver (El invierno), … … … … froid (es frio). – L'hiver, … … … … froid.
2. L'été (El verano), … … … … chaud (es caluroso).
3. Un paon (Un pavoreal), … … … … beau (es hermoso).
4. Une tomate (Un tomate), … … … … rouge (es rojo).
5. Des tomates (Los tomates), … … … … rouge (son rojos).

Día 28 – Describiendo el clima (+ meses, estaciones)

Les saisons (estaciones)
le printemps (primavera), **au** printemps (en primavera)
l'été (verano), **en** été (en verano)
l'automne (otoño), **en** automne (en otoño)
l'hiver (invierno), **en** hiver (en invierno)

Les mois (los meses, *en Francés siempre en minúsculas*)
janvier (enero), **en** janvier, *o,* **au mois de** janvier (en enero)
février (febrero), **en** février, *o,* **au mois de** février (en febrero)
mars (marzo), **en** mars, *o,* **au mois de** mars (en marzo)
avril (abril), **en** avril, *o,* **au mois d'**avril (en abril)
mai (mayo), **en** mai, *o,* **au mois de** mai (en mayo)
juin (junio), **en** juin, *o,* **au mois de** juin (en junio)
juillet (julio), **en** juillet, *o,* **au mois de** juillet (en julio)
août (agosto), **en** août, *o,* **au mois d'**août (en agosto)
septembre (septiembre), **en** septembre, *o,* **au mois de** septembre (en septiembre)
octobre (octubre), **en** octobre, *o,* **au mois d'**octobre (en octubre)
novembre (noviembre), **en** novembre, *o,* **au mois de** novembre (en

noviembre)
décembre (diciembre), **en** décembre, *o,* **au mois de** décembre (en diciembre)

Describiendo el clima: Il fait + adjetivo, *o,* **Il + verbo conjugado**
Il fait froid. **Il neige.** (Hace frio. Esta nevando.)
En hiver, **il fait** froid, et **il neige.** (En invierno, hace frio, y nieva.)
Il fait chaud. (Hace calor.)
Il fait beau. (El clima es agradable.)
Il fait moins 2 degrés. (Hace menos 2°C. = *28.4°F*)
Il fait vingt degrés. (Hace 20°C. = *68°F*)
En été, **il fait** chaud. **Il** pleut. (En verano, hace calor. Llueve.)
Il grêle. (Graniza.)

Para conocer el clima:
- *Quel temps fait-il* ? (¿Cómo esta el clima?)
- *Il fait beau.* (Hace un clima agradable.)

Ejercicio
El clima, meses, estaciones
A
1. … … … … froid. (Hace frio.) – **Il fait** froid.
2. … … … … chaud. (Hace calor.)
3. … … **neige**. (Nieva. / Esta nevando.)
4. … … **pleut**. (Llueve. / Esta lloviendo.)
5. … … … … 15 degrés. (Hace 15°C. = *59°F*)

B
1. … … printemps, … … … pleut. (En primavera, llueve.) – **En** printemps, **il** pleut.)
2. … … … … … … … … … … décembre, … … … … neige. (En diciembre, nieva.)
3. … … … …été, … … … … fait beau. (En verano, el clima es agradable.)
4. Quel temps … … … … … … … … ? (¿Cómo esta el clima?)
5. … … … … fait dix degrés. (Hace 10°C. = *32°F*)

Día 29 – ¿Qué es? / ¿Quién es?

Qu'est-ce que c'est ? (¿Qué es?)
Qui est-ce ? (¿Quién es?)

- **Qu'est-ce que c'est ?** (¿Qué es?)
singular
- **C'est** un cadeau. / **C'est** une maison. (Es un regalo. / Es una casa.)
negación
- **Ce n'est pas** un livre. / **Ce n'est pas** une table. (No es un libro. / No es una mesa.)
plural
- **Qu'est-ce que c'est ?** (¿Qué son?)
- **Ce sont des** photos. / **Ce sont des** cadeaux. (Son fotos. / Son regalos.)
negación
- **Ce ne sont pas** des livres. (No son libros.)

- **Qui est-ce ?** (¿Quién es?)
singular
- **C'est** Jeff. (Es Jeff.)
negación
- **Ce n'est pas** Emma. (No es Emma.)
plural
- **Ce sont** Jeff et sa sœur. (Son Jeff y su hermana.)
negación
- **Ce ne sont pas** Emma et son frère. (No son Emma y su hermano.)

Ejercicio
Qu'est ce que c'est ? (¿Qué es?)/ **Qui est-ce ?** (¿Quién es?)
Haz las preguntas en función de la respuesta.
1. … … … … … … … … … … … … … … ? - **C'est** un chat. (Es un gato.) –

Qu'est-ce que c'est ?
2. ……………………………… ? – **C'est** Jeff. (Es Jeff.)
3. ……………………………… ? – **C'est** une amie. (Es un amigo.)
4. ……………………………… ? – **C'est** une boîte. (Es una caja.)
5. ……………………………… ? – **C'est** Emma. (Es Emma.)
6. ……………………………… ? – **C'est** la sœur d'Emma. (Es la hermana de Emma.)

Día 30 – Los partitivos en francés (du, de la, des)

Encontraremos partitivos en francés en todos lados. (un partitivo indica *una parte* o *cantidad* de algo)

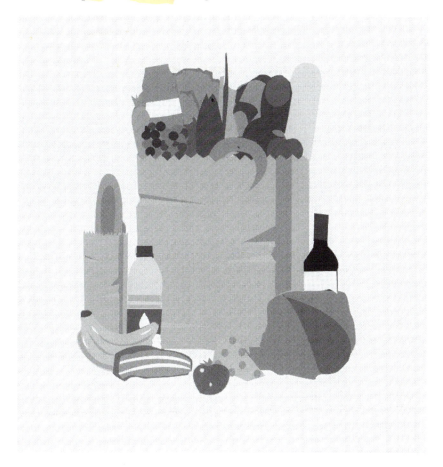

Du, de la, des, les partitifs (los partitivos), **du** + sustantivo masculino, **de la** + sustantivo femenino, **des** + sustantivo plural

la salade (la ensalada, representa toda o cualquier ensalada que exista)
de la salade (una porción o algo de ensalada, *partitivo*, por ejemplo, la

ensalada que comes)
le pain (el pan, *todo o cualquier pan que exista*)
du pain (una porcion o algo de pan, *partitivo*, el pan que comes)
les légumes (los vegetales, *todos los vegetales*)
des légumes (una porción o algunos vegetales, *partitivo, por ejemplo, los vegetales que usaste para cocinar*)

Compara
Je mange **la** salade. (Yo como la ensalada. Significa toda la ensalada que exista, por lo tanto, **no** es correcto)
Je mange **de la** salade. (Yo como (una porción o algo de) de ensalada. *Significa la ensalada que compre o la que esta en mi nevera, este uso es correcto*)
Je mange **les** vegetables. (Yo como vegetales. *"les", el artículo definitivo en plural, identifica todos los vegetales*, por lo tanto, este uso **no** es correcto)
Je mange **des** vegetables. (Yo como vegetales. *"des" indica alguna parte, no todo, por ejemplo los vegetales que compraste, este uso es correcto*)

	Sustantivo Indefinido	*Sustantivo Definido*	***Sustantivo Partitivo***
Masculino	un poulet (un pollo)	le poulet (el pollo)	**du** poulet (algo de pollo)
Femenino	une crème (una crema)	la crème (la crema)	**de la** crème (algo de crema)
Plural	des haricots (unos frijoles)	les haricots (los frijoles)	**des** haricots (algo frijoles)

Nota: Esta figura grammatical no existe en español, por lo tanto, no existe una traduccion literal para los partitivos franceses.

Ejercicio
Los partitivos (du, de la, des)
1. une salade (una ensalada), la salade (la ensalada), ... salade (una porción de ensalada) – **de la** salade.
2. un bol de riz (un bol de arroz), le riz (el arroz), ... riz (algo de arroz)
3. une tranche de fromage (una rebanada de queso), le fromage (el

queso), ... fromage (algo de queso)
4. une crème (una crema), la crème (la crema), ... crème (algo de crema)
5. des œufs (huevos), les œufs (los huevos), ... œufs (algo de huevos)
6. des céréales (cereales), les céréales (los cereales), ... céréales (algo de cereales)

Día 31 – Cantidad expresada y no expresada

· **Cantidad no expresada**, **du** lait (algo de leche), **de la** salade (algo de ensalada), **des** légumes (algo de vegetales); los partitivos, no sabemos la cantidad exacta.

· **Cantidad expresada,** une bouteille **de** lait (una botella de leche), une boîte **de** chocolat (una caja de chocolates), une assiette **de** salade (un plato de ensalada), deux kilos **de** pommes de terre (dos kilos de papas), *sin importar el genero o la cantidad (singular o plural) del sustantivo, la expresión de la cantidad siempre es acompañada por **de**.*

Cantidad Expresada (con **de**)

une tranche		fromage	(una rebanada de queso)
un kilo		sucre	(un kilo de azucar)
un morceaux		viande	(un pedazo de carne)
un peu		sucre	(un poco de azucar)
assez	*de*	farine	(suficiente harina)
beaucoup		choses	(muchas cosas)
pas		lait	(sin leche)
plus		fromage	(mas queso)
jamais		sucre	(nunca azucar)

Cantidad no expresada (con partitivos: **du, de la, des**)

du	fromage	(algo de queso)
du	sucre	(algo de azucar)
de la	viande	(algo de carne)
de la	farine	(algo de harina)
des	choses	(algunas cosas)
du	lait	(algo de leche)
du	fromage	(algo de queso)

Los partitivos (**du, de la, des**), responden a: ¿**Qué?**
Cantidad + **de** + sustantivo, responden a: ¿**Cuanto/cuantos?**

Quoi ? (¿Qué?)	**Combien ?** (¿Cuanto/cuantos?)
du lait (leche)	un kilo *de* sucre (un kilo de azucar)
de la viande (carne)	un morceau *de* viande (un pedazo de carne)

des légumes (vegetales) | un sac *de* légumes (un saco de vegetales)

Ejercicio
Cantidad expresada y no expresada
1.
A.
- C'est **quoi** ? (¿Qué es eso?)
- C'est ... ... fromage. (Es algo de queso.) – C'est **du** fromage.
B.
- Il y a **combien** de fromage ? (¿Cuánto queso hay ahí?)
- Il y a un morceau ... ... fromage. (Hay una rebanada de queso.) – Il y a un morceau **de** fromage.
2. C'est **quoi** ? (¿Qué es eso?) – C'est ... ... viande. (Es algo de carne.)
3. Il y a **combien** d'œufs ? (¿Cuántos huevos hay?) – Il y a une boîte ... ...œufs. (Hay una caja de huevos.)
4. C'est **quoi** ? (¿Qué es eso?) – C'est ... ... œufs. (Son huevos.)
5. C'est **quoi** ? (¿Qué es eso?) – C'est ... ... légumes ; un kilo ... ... céleri, trois kilos ... ... navet, un demi kilo ... ... chou, et un kilo ... ... poivron. (Son vegetales; un kilo de celeri, tres kilos de nabos, medio kilo de repollo, y un kilo de pimientos.)

Día 32 – La comparación: Jeff est plus grand que Michel. (Jeff es más alto que Michel.)

A diferencia del inglés, las palabras de comparación en francés se envuelven alrededor de adjetivos y adverbios.

Adjetivo
plus grand **que** (mas alto que)
moins grand **que** (mas bajo que)
aussi grand **que** (tan alto como)

adverbio
plus vite **que** (mas rápido que)
moins vite **que** (mas lento que)
aussi vite **que** (tan rápido como)

Mas lento (que)	rápido	Más rapido (que)
moins vite (que)	**vite**	**plus vite (que)**
Menos hermnosa (que)	hermosa	Mas hermosa (que)
moins joli (que)	**joli**	**plus joli (que)**

C'est **surprenant**. (Es sorprendente.)
C'est **moins** surprenant. (Es menos soprendente.)
C'est **plus** surprenant. (Es más sorprendente.)
Elle est **plus** surprenante **que** lui. (Ella es más sorprendente que el.)
Il est **moins** surprenant qu'elle[1]. (Él es menos soprendente que ella.)

Elle est **aussi** surprenante **que** lui. (Ella es tan sorprendente como el.)
! *Nota: **que** se convierte en **qu'** cuando se usa antes de una vocal*

| 500 gramos | 12 kg | 1 000 kg / 1 000 kg |

- La radio est **moins** lourde **que** la télévision. (El radio es menos pesado que el TV.)
- La télévision est **plus** lourde **que** la radio. (La TV es más pesada que el radio.)
- La voiture (1) est **aussi** lourde **que** la voiture (2). (El auto (1) es tan pesado como el auto (2).

Algunas comparaciones irregulares
Bon (Bueno) es irregular.
adjetivo
le pire (el peor), **pire** (peor), **pire que** (peor que), **bon** (bueno), **meilleur** (mejor), **meilleur que** (mejor que) le **meilleur** (el mejor)
adverbio
le moins bien (el peor), **moins bien** (menos bueno), **moins bien que** (menos bueno que), **bien** (bueno), **mieux** (mejor), **mieux que** (mejor que) le **mieux** (el mejor).

Ejercicio
La comparación
1. Jeff est ……………… Michel (grand). (Jeff es mas alto que Michel.) – Jeff est **plus** grand **que** Michel.
2. Michel est ………………… Jeff (grand). (Michel es mas bajo que Jeff.)

3. Emma est …………………… Michel (grande). (Emma es tan alta como Michel.)
4. Michel est …………………… Emma (grand). (Michel es tan alto como Emma.)
5. La voiture va vite. (El auto va rápido.) La voiture va …………………………… le vélo (vite). (El auto va más rápido que la bicicleta.)
6. Le vélo va …………………… la voiture (vite). (La bicicleta va más lento que el auto.)
7. Emma est …………………… Nattalie (jolie). (Emma es mas hermosa que Nattalie.)
8. Jeff est …………………… Michel (beau). (Jeff es más apuesto que Michel.)

Irregulares (bueno = bon, *adjetivo,* bueno = bien, *adverbio*)
1. Il est ………… (Él es bueno.) – Il est **bon**. / Il fait la tâche ……………… (Él hace bien la tarea.) – Il fait la tâche **bien**.
adjetivo
2. Il est ………… (Él es bueno.)
3. Il est ………… Michel. (Él es mejor que Michel.)
4. Il est ………… (Él es el mejor.)
5. Michel est ………… Jeff. (Michel es peor que Jeff.)
adverbio
6. Michel fait la tâche ………… (Michel hace bien la tarea.)
7. Jeff fait la tâche ………………… (Jeff hace la tarea mejor.)
8. Emma fait la tâche ………………… (Emma es la que mejor hace la tarea.)
9. Ce monsieur fait la tâche ……………… (Este señor es quien peor hace la tarea.)
10. Cette dame fait la tâche …………………… Michel. (Esta dama hace la tarea menos bien que Michel.)

Día 33 – La comparación (con cantidades) y el superlativo: Emma est <u>la meilleure</u>. (Emma es <u>la mejor</u>.)

Comparación de calidad
aussi bon **que** (tan bueno como), **aussi** joli **que** (tan hermoso como), **aussi** vite **que** (tan rápido como)...
plus > moins > aussi
- amical (amigable), **plus** amical **que** (mas amigable que), **moins** amical **que** (menos amigable que), **aussi** amical **que** (tan amigable como)

Quantity comparison (cantidad)
autant que (tanto como), **autant de frères que** (tantos hermanos como), **autant de sucre que** (tanta azúcar como)...
plus > moins > autant
- gens (gente), **plus de** gens **que** (más gente que), **moins de** gens **que** (menos gente que), **autant de** gens **que** (tanta gente como)

Jeff travaille 8 heures par jour. (Jeff trabaja 8 horas al día.) Emma travaille 8 heures par jour. (Emma trabaja 8 horas al día.) Entonces: Emma travaille **autant que** Jeff. (Emma trabaja tanto como Jeff.) Jeff travaille **autant qu'**Emma. (Jeff trabaja tanto como Emma.)
(***Que** se transforma en **qu'** antes de una vocal.*)

autant + de + noun
Jeff a deux sœurs. (Jeff tiene dos hermanas.) Emma a deux sœurs. (Emma tiene dos hermanas.)
Jeff a **autant de sœurs qu'**Emma. (Jeff tiene tantas hermanas como Emma.)
Emma a **autant de sœurs que** Jeff. (Emma tiene tantas hermanas como as Jeff.)
Il y a **autant de** chats **que de** chiens. (Hay tantos gatos como perros. *use **autant de**... ... **que de**... ... cuando compare dos cantidades*)

El superlativo

Jeff est l'homme ~~la~~ *le* plus sympathique. (Jeff es el hombre más agradable.)
Emma est la femme la plus sympathique. (Emma es la mujer más agradable.)
Jeff est le meilleur. (Jeff es el mejor.)

Emma est la meilleure. (Emma es la mejor.)
Il est le frère le plus aimé. (Él es el hermano más amado.)
Elle est la sœur la plus aimée. (Ella es la hermana más amada.)
El artículo tiene que estar repetido..
Il est le mari le plus fidel. (Él es el esposo más fiel.)
Elle est la femme la plus jolie. (Ella es la esposa más hermosa.)

adjetivo
le plus/la plus sympathique (El más amigable)
le moins/la moins sympathique (El menos amigable)
le meilleur/la meilleure (El mejor)
adverbial (adverbial, género neutro)
le mieux (el mejor)
Elle le fait **le mieux**. (Ella lo hace mejor.)
Il le fait **le mieux**. (Él lo hace mejor.)

Use "**de**" para ser más preciso
Ce restaurant est le meilleur **de la** ville. (Este restaurante es el mejor de la ciudad.)
Cette maison est la plus jolie **du** village. (Esta casa es la más Hermosa en el pueblo.)
L'Himalaya est la plus haute **des** montagnes. (El Himalaya es la montaña más alta.)

Ejercicio
La comparación (cantidad)
1. J'ai deux frères. Jeff a deux frères. (Yo tengo dos hermanos. Jeff tiene dos hermanos.) J'ai … … … … … … … frères … … … … Jeff. (Yo tengo tantos hermanos como Jeff.) – J'ai **autant de** frères **que** Jeff.
2. … … … … … … … gens vivent plus longtemps aujourd'hui. (Mas personas viven más actualmente.)
3. … … … … … … … gens meurent aujourd'hui par maladie. (Menos personas mueren actualmente debido a enfermedades.)
4. Il y a … … … … … … … femmes … … … … … … …hommes. (Hay tantas mujeres como hombres.)
5. Il y a … … … … … … … …hommes … … … … … … … femmes. (Hay tantos hombres como mujeres.)

El superlativo
1. Emma est la femme … … … … … … … jolie. (Emma es la mujer más hermosa.) – Emma est **la femme la plus** jolie.
2. Jeff est **l'**homme … … … … … beau. (Jeff es el hombre más apuesto.)
3. Jeff et Emma sont **les** gens … … … … … … … … beaux. (Jeff y Emma

son las personas mas hermosas.)
4. Jeff est … … … … … … … (Jeff es el mejor.)
5. Il fait la tâche … … … … … … … (Él hace la tarea mejor.)
6. Emma est … … … … … … … … … (Emma es la mejor.)
7. Elle fait la tâche … … … … … … (Ella hace la tarea mejor.)
8. Jeff est … … … … … … … grand parmi nous. (Jeff es el más alto de nosotros.) Mais il n'est pas … … … … … … grand du monde. (Pero él no es el más alto del mundo.)
9. Emma est … … … … … … … jolie parmi nous. (Emma es la más bonita entre nosotros.) Et peut-être … … … … … … … jolie du monde. (Y, probablemente, la más bonita del mundo.)

Día 34 – Verbos que terminan en -ir (1), dorm<u>ir</u> (dormir), Nous dorm<u>ons</u>. (Nosotros estamos durmiendo.)

Estos verbos que terminan en **-ir**, tienen una forma para el sujeto singular y una para el sujeto plural. Todos los verbos siguientes comparten las formas conjugadas: *sortir* (salir), *sentir* (oler, sentír, este verbo tiene dos significados), *partir* (irse), *dormir* (dormir), **suivre** (seguir), **vivre** (vivir), *servir* (servir)

Sujeto	sortir	sentir	partir	dormir	servir
Je	sor**s**	sen**s**	par**s**	dor**s**	ser**s**
Tu	sor**s**	sen**s**	par**s**	dor**s**	ser**s**
Il	sor**t**	sen**t**	par**t**	dor**t**	ser**t**
Elle	sor**t**	sen**t**	par**t**	dor**t**	ser**t**
On	sor**t**	sen**t**	par**t**	dor**t**	ser**t**
Nous	sor**tons**	sen**tons**	par**tons**	dor**mons**	ser**vons**
Vous	sor**tez**	sen**tez**	par**tez**	dor**mez**	ser**vez**
Ils	sor**tent**	sen**tent**	par**tent**	dor**ment**	ser**vent**
Elles	sor**tent**	sen**tent**	par**tent**	dor**ment**	sen**vent**

La tabla anterior con pronunciación:

Sujeto	sortir (pronounciado)	sentir (pronounciado)	partir (pronounciado)	dormir (pronounciado)
Je	sors (sor)	sens (sen)	pars (par)	dors (dor)
Tu	sors (sor)	sens (sen)	pars (par)	dors (dor)
Il	sort (sor)	sent (sen)	part (par)	dort (dor)
Elle	sort (sor)	sent (sen)	part (par)	dort (dor)
On	sort (sor)	sent (sen)	part (par)	dort (dor)
Nous	sortons (sorton)	sentons (sorton)	partons (parton)	dormons (dormon)
Vous	sortez (sorté)	sentez (sente)	partez (parté)	dormez (dormé)
Ils	sortent (sort)	sentent (sent)	partent (part)	dorment (dorm)
Elles	sortent (sort)	sentent (sent)	partent (part)	dorment (dorm)

Sortir (salir)
Je **sors** le vendredi soir. (Yo salgo todos los viernes por la noche.)
Elle **sort** jamais le week-end. (Ella nunca sale los fines de semana.)
Mes amis et moi **sortent** de temps en temps. (Mis amigos y yo salismos de vez en cuando.)

Sentir (sentir, oler)
Je **sens** bien à Paris. (Me siento bien en Paris.)
Je **sens** quelque chose. (Yo huelo algo.)
Le chien **sent** plus que nous. (Los perros huelen mas que nosotros.)
Vous **sentez** quelque chose ? (¿Tú hueles algo?)

Servir (servir)
Un serveur **sert** ses clients. (Un mesero sirve a sus clientes.)
Nous **servons** à nos bien-être. (Servimos a nuestro bienestar.)
Cette chose **sert** bien. (Esto sirve bien.)

Ejercicio
Verbos que terminan en -ir (1)
1. Je .... mal. Elle .... bien (dormir). (Yo duermo mal. Ella duerme bien.) – Je **dors** mal. Elle **dort** bien.
2. Nous .... le week-end. (Nosotros salimos los fines de semana.)
3. Vous .... de temps en temps ? (¿Tú sales de vez en cuando?)
4. Ça .... bon. (Eso huele bien.)
5. Je .... pour Londres mardi. (Yo salgo a Londres el próximo martes.)
6. La serveuse .... ses clients. (La mesera sirve a sus clientes.)
7. Nous .... mal après un café très fort. (Dormimos mal despues de un café muy fuerte.)

Día 35 – Verbos que terminan en -ir (2), ralent**ir** (reducir velocidad), Nous ralent**issons**. (Nosotros reducimos la velocidad.)

Estos verbos que terminan en **–ir**, tienen una forma para el sujeto singular y otra para el sujeto plural, diferente de *-ir (1)*. Todos los verbos siguientes comparten la forma conjugada:
finir (terminar), **ralentir** *(reducir velocidad)*, **choisir** *(escoger)*, **grandir** *(crecer)*, **applaudir** *(aplaudir)*, **rougir** *(ruborizar)*, **vieillir** *(envejecer)*

Sujeto	finir	ralentir	choisir	grandir
Je	finis	ralentis	choisis	grandis
Tu	finis	ralentis	choisis	grandis
Il	finit	ralentit	choisit	grandit
Elle	finit	ralentit	choisit	grandit
On	finit	ralentit	choisit	grandit
Nous	finissons	ralentissons	choisissons	grandissons
Vous	finissez	ralentissez	choisissez	grandissez
Ils	finissent	ralentissent	choisissent	grandissent
Elles	finissent	ralentissent	choisissent	grandissent

La table anterior con pronunciación:

Subject (pronunciado)	finir (pronunciado)	ralentir (pronunciado)	choisir (pronunciado)	grandir (pronunciado)
Je	finis (fini)	ralentis (ralenti)	choisis (choizi)	grandis (grandi)
Tu	finis (fini)	ralentis (ralenti)	choisis (choizi)	grandis (grandi)
Il	finit (fini)	ralentit (ralenti)	choisit (choizi)	grandit (grandi)
Elle	finit (fini)	ralentit (ralenti)	choisit (choizi)	grandit (grandi)
On	finit (fini)	ralentit (ralenti)	choisit (choizi)	grandit (grandi)
Nous	finissons (finison)	ralentissons (ralentison)	choisissons (choizison)	grandissons (grandison)
Vous	finissez (finisé)	ralentissez (ralentisé)	choisissez (choizisé)	grandissez (grandisé)
Ils	finissent (finis)	ralentissent (ralentis)	choisissent (choizis)	grandissent (grandis)
Elles	finissent (finis)	ralentissent (ralentis)	choisissent (choizis)	grandissent (grandis)

Finir (terminar)
Je **finis** mes devoirs. (Yo termino mi tarea.)
Elle **finit** ses devoirs. (Ella termina su tarea.)
Mes amis et moi **finissons** un projet. (Mis amigos y yo terminamos un proyecto.)

Grandir (crecer)
Je **grandis** plus après mes 25 ans. (Yo crecí mas despues de mis 25 años.)
Elle **grandit** vite à l'age de 14 ans. (Ella creció rápido a la edad de 14 años.)
Ils **grandissent** emsemble. (Ellos crecen juntos.)
Tu **grandis** vite. (Tú creces rápido. *A un niño, por ejemplo*)

Choisir (escoger)
Je **choisis** l'option une. (Yo escojo la opción uno.)
Elle **choisit** l'option une. (Ella escoge la opción uno.)
Nous **choisissons** l'option une. (Nosotros elegimos la opción uno.)
Vous **choisissez** la quelle option ? (¿Que opción eligen usted?)

Ejercicio
Verbos que terminan en -ir (2)

1. Je … … … … … … … … … (ralentir). (Yo estoy reduciendo la velocidad)
– Je **ralentis**.
2. Nous … … … … … … … … la machine. (Estamos reduciendo la velocidad de la máquina.)
3. Vous … … … … … … … … le rythme. (Estas disminuyendo el ritmo.)
4. Nous … … … … … … … à quelle heure ? (¿A qué hora terminamos?)
5. Nous … … … … … … … l'option une. (Escogemos la opción uno.)
6. Vos enfants, ils … … … … … … … vite. (Tús hijos, ellos estan creciendo rápido.)
7. **Ralenti**_____-vous ! (¡Disminuye la velocidad!)
8. Elles … … … … … … … le travail. (Ellos terminan el trabajo.)

Día 36 – verbos que terminan en -re, li<u>re</u> (leer)

La conjugación de los verbos que terminan en **-re** tienen una forma para el sujeto singular y una forma para el sujeto plural
Lire (leer), *Je lis (Yo leo), Nous lisons.* (Nosotros leemos.)

Verbos en el grupo -re 1
Interdire (prohibir), **plaire** (complacer), **conduire** (conducir), **construire** (construir), **décrire** (describir), **inscrire** (registrar), **écrire** (escribir), **entendre** (escuchar), **attendre** (esperar), **vendre** (vender), **perdre** (perder), **répondre** (responder)
Verbos en el grupo -re 2
battre (batir), **permettre** (permitir), **promettre** (prometer), **mettre** (poner)

| Sujeto | lire[1] | attendre[1] | mettre[2] | promettre[2] |

Je	lis	attends	mets	promets
Tu	lis	attends	mets	promets
Il	lit	attend	met	promet
Elle	lit	attend	met	promet
On	lit	attend	met	promet
Nous	lisons	attendons	mettons	promettons
Vous	lisez	attendez	mettez	promettez
Ils	lisent	attendent	mettent	promettent
Elles	lisent	attendent	mettent	promettent

Para los verbos en el grupo –**re 2**, ***mettre***, *por ejemplo*, la consonante se duplica para el sujeto plural; *nous, vous, ils* y *elles*.

Debajo está la misma tabla de arriba pero, con la pronunciación:

Sujeto	**lire**[1] *(pronunciado)*	**attendre**[1] *(pronunciado)*	**mettre**[2] *(pronunciado)*	**promettre**[2] *(pronunciado)*
Je	lis *(li)*	attends *(atten)*	mets *(mé)*	promets *(promé)*
Tu	lis *(li)*	attends *(atten)*	mets *(mé)*	promets *(promé)*
Il	lit *(li)*	attend *(atten)*	met *(mé)*	promet *(promé)*
Elle	lit *(li)*	attend *(atten)*	met *(mé)*	promet *(promé)*
On	lit *(li)*	attend *(atten)*	met *(mé)*	promet *(promé)*
Nous	lisons *(lizon)*	attendons *(attendon)*	mettons *(méton)*	promettons *(prométon)*
Vous	lisez *(lizé)*	attendez *(attendé)*	mettez *(mété)*	promettez *(promété)*
Ils	lisent *(liz)*	attendent *(attend)*	mettent *(mét)*	promettent *(promét)*
Elles	lisent *(liz)*	attendent *(attend)*	mettent *(mét)*	promettent *(promét)*

lire[1] (leer)
Je **lis** le journal. (Estoy leyendo el periódico.)
Vous **lisez** un livre. (Tú estas leyendo un libro.)
Elles **lisent** des bandes dessinées. (Ellas estan leyendo historietas.)

attendre[1] (esperar)
J'**attends** le train. (Yo estoy esperando el tren.)
Ils **attendent** le bus. (Ellos estan esperando el bus.)
Nous **attendons** le beau temps. (Estos esperando el buen tiempo.)

mettre[2] (poner)
Je **mets** le livres sur la table. (Yo pongo el libro sobre la mesa.)
Elle **met** sa chemise dans un tiroir. (Ella pone su camisa en un cajón.)
Ils **mettent** leurs mains au-dessus de leurs têtes. (Ellos ponen sus manos sobre sus cabezas.)
Nous **mettons** du beurre sur nos tartines. (Nosotros ponemos mantequilla en nuestros panes.)

promettre[2] (prometer)
Je **promets** rien. (No prometo nada.)
Il **promet** beaucoup de choses. (Él promete muchas cosas.)
Vous **promettez** de venir mardi ? (¿Usted promete venir el próximo martes?)
Nous **promettons** beaucoup. (Nosotros prometemos mucho.)

Ejercicio
Verbos que terminan en -re
1. Ils ………………… leurs téléphones portables sur la table (mettre). (Ellos ponen su teléfono sobre la mesa.) – Ils **mettent** leurs téléphones portables sur la table.
2. Elle …………… son ami. (Ella espera por su amigo.)
3. Il …………… le Parisien. (Él lee el periódico *Parisien*.)
4. Nous ………………… un meilleur avenir. (Estamos esperando por un major futuro.)
5. Vous ……………… ce mot ici. (Tú pones esta palabra aquí.)
6. Il ………… son ordinateur sur une chaise. (Él pone su computadora en una silla.)
7. Nous ……………… de revenir demain. (Prometemos que vamos a volver mañana.)
8. La maman ……………… un cadeau à son enfant. (La madre le promete un regalo a su hijo.)

Día 37 – Los verbos connaître y savoir (saber)

Ambos **connaître** (conocer) y **savoir** (saber) se traducen al inglés con el mismo significado, pero en francés son usados de manera diferente.

Connaître (conocer) + objeto (*el objeto externo es imprescindible*).
Je **connais** Jeff. (Yo conozco a Jeff).
Je **connais** des gens comme ça. (Sé que a la gente le gusta eso).

Savoir (saber), *no es necesario agregar un objeto.*
Je **sais**. (Yo sé. *No se dice: Yo conozco*).
Este verbo (*savoir*) demuestra una capacidad interna de la persona que lo posee. *Je **sais** lire.* (Sé leer. *leer = una capacidad interna*)

Connaître tiene cinco formas de conjugación; *connais* (para je y tu), *connaît* (para il/elle/on), *connaissons* (para nous), *connaissez* (para vous), y *connaissent* (para ils/elles).

Savoir tiene cinco formas de conjugación; *sais* (para je y tu), *sait* (para il/elle/on), *savons* (para nous), *savez* (para vous), and *savent* (para ils/elles).

Sujeto	**Connaître**	**Savoir**
Je	*connais Jeff.*	*sais.*
Tu	*connais Emma.*	*sais.*
Il/Elle/On	*connaît Jeff.*	*sait.*
Nous	*connaissons Jeff.*	*savons.*
Vous	*connaissez Jeff.*	*savez.*
Ils/Elles	*connaissent Jeff.*	*savent.*

A continuación se muestra la tabla anterior con la pronunciación.

Sujeto	**Connaître** *(pronunciación)*	**Savoir** *(pronunciación)*
Je	connais Jeff. *(coné)*	sais. *(sé)*
Tu	connais Emma. *(coné)*	sais. *(sé)*
Il/Elle/On	connaît Jeff. *(coné)*	sait. *(sé)*
Nous	connaissons Jeff. *(conéson)*	savons. *(savon)*
Vous	connaissez Jeff. *(conésé)*	savez. *(savé)*
Ils/Elles	connaissent Jeff. *(conés)*	savent. *(sav)*

Connaître (conocer algo).
Je **connais** Paris. (Yo conozco París).
Il **connaît** ce chemin. (Él conoce esta vía).
Elle **connaît** Jeff. (Ella conoce a Jeff).

Savoir (saber, *significa tener esta capacidad interna*)
Je **sais** cette phrase par cœur. (Sé esta frase de memoria).
- L'hiver il fait froid. (El invierno es frio).
- Je **sais**. (Lo sé).
Il **sait** méditer. (Él sabe cómo meditar).

Ejercicio
Verbos terminados en -er (3): casos especiales
Los verbos connaître y savoir (saber)
*Escoge ya sea **connaître** o **savoir***

1. Je … … … … … utiliser un ordinateur. (Yo sé cómo usar una computadora). – Je **sais** utiliser un ordinateur.
2. Je … … … … … cette ville. (Conozco esta ciudad).
3. Nous … … … … … … la fille. (Nosotros conocemos la chica).
4. Il … … … … … … bien parler le français. (Él sabe hablar bien francés).
5. Emma … … … … … … cette dame. (Emma conoce esta dama).
6. Ils … … … … … … bien ce qui est bon pour eux. (Ellos saben bien lo que es bueno para ellos).

Día 38 – Algo más de verbos multi-forma, apprendre (aprender), devenir (volverse)

Todos estos verbos comparten similar multi-formas:
comprendre (comprender), **apprendre** (aprender), **prendre** (tomar), **devenir** (volverse), **venir** (venir), **revenir** (regresar), **tenir** (sostener), **se souvenir** (recordar), **boire** (beber), **recevoir** (recibir)
Toma un momento para estudiar la siguiente tabla.

	Je/Tu	Il/Elle/On	Nous	Vous	Ils/Elles
Comprendre	*comprends*	*comprend*	*comprenons*	*comprenez*	*comprennent*
Apprendre	*apprends*	*apprend*	*apprenons*	*apprenez*	*apprennent*
prendre	*prends*	*prend*	*prenons*	*prenez*	*prennent*
devenir	*deviens*	*devient*	*devnons*	*devnez*	*deviennent*
venir	*viens*	*vient*	*venons*	*venez*	*viennent*
revenir	*reviens*	*revient*	*revenons*	*revenez*	*reviennent*
tenir	*tiens*	*tient*	*tenons*	*tenez*	*tiennent*
se souvenir	*me/te souviens*	*se souvient*	*nous souvenons*	*vous souvenez*	*se souviennent*
Boire	*bois*	*boit*	*buvons*	*buvez*	*boivent*
recevoir	*reçois*	*reçoit*	*recevons*	*recevez*	*reçoivent*

J'**apprends** le français. (Yo estoy aprendiendo francés).
Elle **apprend** le français. (Ella está aprendiendo francés).
Ils **apprennent** le français. (Ellos aprenden francés).

Je **bois** un café. (Yo estoy tomando un café).
Elle **boit** un café. (Ella bebe un café).
Vous **buvez** un café. (Tú bebes un café).

Abajo está la misma tabla, con la pronunciación:

Je/Tu	Il/Elle/On	Nous	Vous	Ils/Elles
comprends (compren)	*comprend* (compren)	*comprenons* (comprenon)	*comprenez* (compren**é**)	*comprennent* (compre**nn**)
apprends (apren)	*apprend* (apren)	*apprenons* (aprenon)	*apprenez* (apren**é**)	*apprennent* (apre**nn**)
prends (pren)	*prend* (pren)	*prenons* (prenon)	*prenez* (pren**é**)	*prennent* (pre**nn**)
deviens (devien)	*devient* (devien)	*devnons* (devienon)	*devnez* (devien**é**)	*deviennent* (devie**nn**)
viens	*vient*	*venons*	*venez*	*viennent*

Gramática Francesa - principiante / elemental

(vien)	(vien)	(vienon)	(vienέ)	(vie**nn**)
reviens	*revient*	*revenons*	*revenez*	*reviennent*
(revien)	(revien)	(revenon)	(reviené)	(revie**nn**)
tiens	*tient*	*tenons*	*tenez*	*tiennent*
(tien)	(tien)	(tenon)	(tiené)	(tie**nn**)
me/te souviens (me/te souvien)	*se souvient* (se souvien)	*nous souvenons* (nous souvenon)	*vous souvenez* (vous souvené)	*se souviennent* (se souvie**nn**)
bois	*boit*	*buvons*	*buvez*	*boivent*
(boi)	(boi)	(buvon)	(buvé)	(boiv)
reçois	*reçoit*	*recevons*	*recevez*	*reçoivent*
(resoi)	(resoi)	(resevon)	(resevé)	(resoiv)

Verbos terminados por el sujeto en plural, *Ils deviennent* (Ellos se vuelven), *por ejemplo, la pronunciación para sobre la letra "n" como "devien", Ils boivent* (Ellos beben), *La letra final se pronuncia "v" como boiv, la terminación -ent es silente.*

Venir (venir)
Jeff **vient** de New York. (Jeff es de New York. Para decir, *"Soy de New York.", "Je viens de New York."* es más común que *"Je suis de New York".*)
Emma **vient** du Canada. (Emma es de Canadá).
Je **viens** de Paris. (Soy de París).
Ils **viennent** d'Amérique du Nord. (Ellos son de América del Norte).

Recevoir (recibir)
Je **reçois** un colis d'Amazon. (Yo recibo un paquete de Amazon).
Nous **recevons** des colis d'Amazon. (Nosotros recibimos paquetes de Amazon).
Ils **reçoivent** des cadeaux pour leurs anniversaires. (Ellos reciben regalos por sus cumpleaños)

Devenir (volverse)
Je **deviens** adulte. (Yo me convierto en adulto).
Emma **devient** adulte. (Emma se vuelve adulta).
Mes enfants **deviennent** adultes. (Mis hijos se vuelven adultos. *En francés, el plural "s" no es pronunciado, "adultes" es pronunciado como "adult", no "adults"*)

Ejercicio
Algo más de verbos multi-forma
1. Ils **boivent** du café. (Ellos beben café) Nous … … … … … … du café. (Nosotros bebemos café) – Nous **buvons** du café.
2. Je tiens un stylo. (Yo tengo un bolígrafo). Vous … … … … … … un stylo. (Ustedes tienen un bolígrafo).
3. Elle devient adulte. (Ella se vuelve adulta). Elles … … … … … … adultes. (Ellas se vuelven adultas).
4. Je … … … … … … … … … des cadeaux de ma mère. (recevoir) (Yo recibo regalos de mi madre).

5. Ils ... ... la méditation. (apprendre) (Ellos aprenden meditación).

Día 39 – Verbos modales: pouvoir (poder), devoir (deber), vouloir (querer)

El francés tiene esencialmente 3 verbos como verbos modales.
Pouvoir (poder), Je **peux** parler le français. (Yo puedo hablar francés).
Devoir (deber, tener), Je **dois** aller. (Debo irme).
Vouloir (querer), Je **veux** un bon vélo. (Yo quiero una buena bicicleta).

	pouvoir (poder)	(pronunciación)
Je	**peux** parler. (Yo puedo hablar).	(peu)
Tu	**peux** parler. (Tú puedes hablar).	(peu)
Il/Elle/On	**peut** parler. (Él/Ella/Uno puede hablar).	(peu)
Nous	**pouvons** parler. (Nosotros podemos hablar).	(puvon)
Vous	**pouvez** parler. (Ustedes pueden hablar).	(puvé)
Ils/Elles	**peuvent** parler. (Ellos/Ellas pueden hablar).	(peuv)

Elle **peut** parler cinq langues. (Ella puede hablar cinco idiomas).
Ils **peuvent** faire beaucoup de chose. (Ellos pueden hacer muchas cosas).

	devoir (deber, tener)	(pronunciación)
Je	**dois** partir. (Yo debo irme).	(doi)
Tu	**dois** partir. (Tú debes irte).	(doi)
Il/Elle/On	**doit** partir. (Él/Ella/Uno debe irse).	(doi)
Nous	**devons** partir. (Nosotros debemos irnos).	(devon)
Vous	**devez** partir. (Ustedes deben irse).	(devé)
Ils/Elles	**doivent** partir. (Ellos/Ellas deben irse).	(doiv)

Elle **doit** venir. (Ella debe venir).
Vous **devez** ralentir. (Ustedes deben disminuir la velocidad).
Elles **doivent** trouver une solution. (Ellas deben encontrar una solución).

	vouloir (querer)	(pronunciación)
Je	**veux** un vélo. (Yo quiero una bicicleta).	(veu)
Tu	**veux** un vélo. (Tú quieres una bicicleta).	(veu)
Il/Elle/On	**veut** un chat. (Él/Ella/Uno quiere un gato).	(veu)
Nous	**voulons** un vélo. (Nosotros queremos una bicicleta).	(vulon)
Vous	**voulez** un vélo. (Ustedes quieren una bicicleta).	(vulé)
Ils/Elles	**veulent** un vélo. (Ellos/Ellas quieren una bicicleta).	(veul)

Je **veux** un café. (Yo quiero un café).
Elle **veut** un gateau. (Ella quiere una torta).
Nous **voulons** des vacances. (Nosotros queremos vacaciones/días de asueto).

Una cosa más
Cuando hablamos sobre necesidades generales, para decir *Uno debe comer y beber para vivir*, se usa: *Il faut...* El verbo es **falloir** (deber/tener), y es usado solo con il (el pronombre general uno, como en Uno debe...) por lo tanto solo una forma de conjugación.
Il faut... ... (Uno debe... ...)
Il faut manger and boire pour vivre. (Uno debe comer y beber para vivir).
Il faut du temps pour apprendre une langugue. (Toma tiempo aprender un idioma).

Ejercicio
Verbos terminados en -er (3): casos especiales
Elije uno: pouvoir, devoir, vouloir, il faut
1. Nous … … … … … … partir tôt le matin. (Nosotros debemos irnos temprano en la mañana). – Nous **devons** partir tôt le matin.
2. … … … … … … boire pour vivre. (Uno debe beber para vivir).
3. Ils … … … … … … rester plus long temps. (Ellos pueden permanecer más tiempo).
4. Nous … … … … … … visiter le pôle Nord. (Nosotros queremos

visitar el Polo Norte).
5. Je .... rester plus long temps. (Yo debo permanecer más tiempo).
6. Des enfants .... des jouets. (Los niños quieren juguetes).
7. Emma .... aller en Inde. (Emma quiere ir a la India).
8. Jeff .... parler l'espéranto. (Jeff puede hablar Esperanto).

Gramática Francesa - principiante / elemental

Día 40 – Haciendo deportes y actividades

1. Sports (solo, deporte individual)
Faire de la + sustantivo femenino
Je fais de la natation. (Yo nado).
Je fais de la gymnastique. (Yo hago gimnasia).

Faire du + sustantivo masculino
Je fais du vélo. (Yo monto bicicleta).
Je fais du basket. (Yo juego baloncesto).
Je fais du tennis. (Yo juego tenis).

Cuando se trata de **deportes de equipos** (*al menos dos equipos/bandos para jugar*) y juegos, usa **jouer au** + sustantivo masculino, **jouer à la** + sustantivo femenino, **jouer aux** + sustantivo plural
Je joue au football. (Yo juego balompié. *con un equipo*)
Nous jouons aux cartes. (Nosotros jugamos cartas).
Il joue aux jeux video. (Él juega videojuegos).
Para instrumentos musicales, usa **jouer du** + sustantivo masculino, **jouer de la** + sustantivo femenino
Elle joue du piano. (Ella toca piano).

Je joue de la flûte. (Yo toco flauta).
Il joue de la guitare. (Él toca la guitarra).

2. Actividades en la casa
Je fais la cuisine. (Yo cocino).
Je fais les courses. (Yo hago las compras).
Je fais le ménage. (Yo hago la limpieza).
Je fais la vaisselle. (Yo lavo la vajilla).

Conjugación con el verbo **faire** (hacer)

Je	Tu	Il/Elle/On	Nous	Vous	Ils/Elles
fais	**fais**	**fait**	**faisons**	**faites**	**font**
(fé)	(fé)	(fé)	(fezon)	(fét)	(fong)

Ejercicio
Haciendo deportes y actividades
Deportes, instrumentos musicales
1. Ils .... du vélo. (Ellos montan bicicleta). – Ils **font** du vélo.)
2. Nous .... de la natation. (Nosotros nadamos).
3. Vous .... du tennis. (Ustedes juegan tenis).
4. Je .... de la gymnastique. (Yo hago gimnasia).
5. Elle .... au football. (Ella juega balompié).

Actividades en la casa
1. Il .... la bonne cuisine. (Él cocina bien). – Il **fait** la bonne cuisine.
2. Elle .... les courses. (Ella hace las compras).
3. Je .... la vaisselle. (Yo lavo la vajilla).
4. Nous .... le ménage. (Nosotros hacemos la limpieza).

Joue   Jouons
Joues   Jouez
Joue   Jouent

Día 41 – El futuro próximo con el verbo "aller", Je vais + infinitive (Yo voy a + infinitivo)

Je **vais manger** (Yo voy a comer), *aller + infinitive,* muestra una acción o un cambio que podemos ver ahora.

Ils **vont tomber**. (Ellos van a caer.)

Il est midi 30, nous **allons manger**. (Es mediodía, nosotros vamos a comer).
Il est 19 heures, la nuit **va tomber**. (Son las 7pm, la noche va a caer).
Elle **va partir**. (Ella va a irse).

La conjugación del futuro próximo: verbo **aller + infinitivo**, *Je vais partir* (Yo voy a irme), *Je **vais manger*** (Yo voy a comer), *Je **vais tomber*** (Me voy a caer)

	aller (ir)	**partir** (partir)	**manger** (comer)	**tomber** (caer)
Je	**vais**	partir	manger	tomber

Tu	**vas**	partir	manger	tomber
Il	**va**	partir	manger	tomber
Elle	**va**	partir	manger	tomber
On	**va**	partir	manger	tomber
Nous	**allons**	partir	manger	tomber
Vous	**allez**	partir	manger	tomber
Ils	**vont**	partir	manger	tomber
Elles	**vont**	partir	manger	tomber

Pronunciación: vais (vé), vas (va), va (va), allons (alon), allez (alé), vont (von)

Ils sont fiancés. Ils **vont se marrier**. (Ellos están comprometidos. Ellos se van a casar).
J'ai faim. Je **vais manger**. (Tengo hambre. Yo voy a comer).
Elle frissonne avec le froid. Elle **va être** malade. (Ella está temblando de frio. Ella va a enfermarse).

Ejercicio
El futuro próximo (aller + infinitive)
1. J'entends un orage. (Yo oigo una tormenta eléctrica). Il ... ... (pleuvoir, *llover*). – Il **va pleuvoir**. (Va a llover).
2. Nous entrons dans un tunnel. (Estamos entrando a un túnel). La ligne téléphonique ... ... coupée (La línea telefónica va a ser cortada).
3. Je suis fatigué. (Estoy cansado). Je ... ... de travailler pour aujourd'hui. (arrêter, *parar*) (Yo voy a parar de trabajar por hoy).
4. Ton thé, il ... ... froid. (Tu té, se va a poner frio).
5. C'est Presque l'heure. (Es casi la hora). Le train ... ... (arriver, *llegar*) (El tren va a llegar).

Día 42 – Tiempo pasado con el verbo "avoir", Elle a mangé. (ella comió.)

El tiempo pasado en francés, **le passé compose**, se compone de dos verbos; el verbo **avoir** y **être**.

El tiempo pasado francés, **le passé compose**, con los verbos **avoir**.
Ella **a mangé**. (Ella comió.)
J'**ai mangé**. (Yo comí.)
Nous **avons mange**. (Nosotros comemos.)
J'**ai fait** un gateau. (Yo hice un pastel.)
Ils **ont fait** un gateau. (Ellos hicieron un pastel.)

El participio pasado no concuerda ni con el género ni con el número del sujeto cuando se conjuga con el verbo **avoir**.

La conjugación es: **sujeto +   avoir +   Participio pasado**

Elle	a	*été* (Ella estaba.)
Ils	ont	*été*. (Ellos estaban.)

manger (comer)			**être** (ser/estar)		
J'	**ai**	**mangé**.	J'	**ai**	**été**.
(Yo comí.)			(Yo estaba/era.)		
Tu	**as**	**mangé**.	Tu	**as**	**été**.
Il	**a**	**mangé**.	Il	**a**	**été**.
Elle	**a**	**mangé**.	Elle	**a**	**été**.
On	**a**	**mangé**.	On	**a**	**été**.

Nous	avons	mangé.	Nous	avons	été.
Vous	avez	mangé.	Vous	avez	été.
Ils	ont	mangé.	Ils	ont	été.
Elles	ont	mangé.	Elles	ont	été.

Recuerda, el francés *no tiene* "un tiempo continuo".

Verbo	Ayer	Hoy
Boire (beber)	Il **a bu**. (Él bebió)	Il **boit**. (Él esta bebiendo.)
Manger (comer)	Tu **as mange**. (tú comiste.)	Tu **manges**. (Tu estas comiendo.)
Être (ser/estar)	Nous **avons été**. (Nosotros estuvimos.)	Nous **sommes**. (Nosotros estamos.)
Neiger (nevar)	Il **a neigé**. (Nevo.)	Il **neige**. (Esta nevando.)
Pleuvoir (llover)	Il **a plut**. (Llovio.)	Il **pleut**. (Esta lloviendo.)
Avoir (tener)	J'**ai eu**. (Yo tuve.) Il **a eu**. (Él tuvo.) Ils **ont eu**. (Ellos tuvieron.)	J'**ai**. (Yo tengo.) Il **a**. (Él tiene.) Ils **ont**. (Ellos tienen.)

El particiopio pasado **été** es invariable:
*Elle **a été** fatiguée.* (Ella estaba cansada)
*Il **a été** fatiqué.* (Él estaba cansado.)
*Nous **sommes** été fatigués.* (Nosotros estabamos cansados.)

El participio pasado **eu** es invariable.
*Elle **a eu** de la chance.* (Ella tuvo suerte)
*Il **a eu** un chien.* (Él tuvo un perro.)
*Nous **avons eu** une petite maison dans le village.* (Nosotros teniamos una pequeña casa en el pueblo)

*Acciones expresadas por el tiempo pasado con el verbo **avoir** y **être** se suceden la una a la otra.*
Primero
Josh **a mangé** le petit déjeuner. (Josh comió el almuerzo.)
Luego
Il **a bu** un café. (Él tomó cafe.)

Luego
Il **a appelé** sa petite amie. (Él llamó a su novia.)

Ejercicio
Tiempo pasado con el verbo "avoir"
1. Elle … … … … … … une pomme. (manger) (Ella comió una manzana.) – Elle **a mangé** une pomme.
2. Tu … … … … … … un bon résultat (*avoir*). (Tu obtuviste un buen resultado.)
3. Il … … … … … … une douche (*prendre*). (Él tomo una ducha.)
4. Elle **a dit** quelque chose. (Ella dijo algo.)
5. Je … … … … … … quelque chose (*entendre*). (Yo escuché algo.)
6. Il fait beau aujourd'hui mais hier, il … … … … … … (*pleuvoir*). (El clima es agradable hoy, pero ayer llovió.)
7. Hier, elle … … … … … … fatiguée (*être*). (Ayer, ella estaba cansada.)
8. Jeff … … … … … … moins heureux avant qu'il … … … … … … Emma (*être/rencontrer*). (Jeff era menos feliz antes de conocer a Emma.)

Dia 43 – Tiempo pasado con el verbo "être", Elle est partie. (Ella se fué.)

El tiempo pasado francés, **le passé compose,** se compone de dos verbos; verbos **avoir** y **être**.

Le bus **est passé**. (El autobús ha pasado.)

El tiempo pasado frances, **le passé compose**, Con los verbos **être**.
Elle **est partie**. (Ella se fué.)
Il **est parti**. (Él se fué.)
Je **suis arrivé**. (Yo partí.)
Nous **sommes venus**. (Nosotros vinimos.)

La conjugación es: **sujeto + être + Participio pasado**

                    Elle   *est*   *partie*. (Ella se fué.)
                    Vous   *êtes*   *parties*. (Usted se fué.)

Una gran diferencia es, cuando conjugas con el *verbo être,* es que el genero y el número (plural o singular) de el **participio pasado** *de acuerdo con el sujeto* que (no es el caso con los verbos conjugados con el verbo **avoir**).
Elle est partie. (Ella se fué.)

Il est parti. (Él se fué.)
Nous sommes partis. (Nosotros nos fuimos.)

Debajo está la lista de 14 verbos que siempre se conjugan con el verbo **être** (toma un momento para ver que los diferencian de los que se usan con el verbo avoir).

Puede ver claramente que estos son principalmente verbos de movimientos (excepto *rester* (quedarse).

Otros verbos de movimiento, lo que los franceses llaman "movimientos simples"), sauter (saltar), courir (correr), marcher (caminar), son conjugados con el verbo avoir.

--- * ---

aller (ir), *entrer* (entrar), *passer par* (ir a través/por/sobre, etc), *monter* (ascender, subir), *tomber* (caer), *arriver* (llegar), *naître* (nacer), *venir* (venir), *sortir* (salir), *retourner* (regresar), *descendre* (desender, bajar), *rester* (quedarse), *partir* (partir), *mourir* (morir)

	aller (ir)			venir (venir)	
J'	suis	allé.	Je	suis	venu.
	(fui.)			(vine.)	
Tu	es	allé(e).	Tu	es	venu(e).
Il	est	allé.	Il	est	venu.
Elle	est	allée.	Elle	est	venue.
On	est	allé.	On	est	venu.
Nous	sommes	allé(e)s.	Nous	sommes	venu(e)s.
Vous	êtes	allé(s/es).	Vous	êtes	venu(s/es).
Ils	sont	allés.	Ils	sont	venus.
Elles	sont	allées.	Elles	sont	venues.

Jeff : *Hier, je suis venu ici.* (Ayer, vine acá.)
Emma : *Hier, je suis venue ici.* (Ayer, vine acá.)

De nuevo recuerda, el francés no tiene "un tiempo continuo".

Verbo	Ayer	Hoy
Partir (Partir)	Il **est arrivé**. (Él llegó.)	Il **arrive**. (Él está llegando.)
Sortir (salir)	Tu **est sorti(e)**. (Tú saliste.)	Tu **sors**. (Tú estas saliendo.)
Tomber	L'arbre **est tombé**. (El árbol	L'arbre **tombe**. (El árbol

(caerse) | cayó.) | está cayendo.)
La chaise **est tombée**. (La silla cayó.)
Les arbres **sont tombés**. (Los árboles cayeron.)
Les chaises **sont tombées**. (Las sillas cayeron.)

Ejercicio
Tiempo pasado con el verbo "être"
1. Je ……………… (*partir*). (Yo me fuí.) – Je **suis parti**.
2. ……………… (*partir*). (Emma se fue.)
3. Jeff ……………… (*partir*). (Jeff se fue.)
4. Ils ……………… (*partir*). (Ellos se fueron.)
5. Elles ……………… (*partir*). (Ellas se fueron.)

Conecta cada verbo en la lista siguiente con su descripción respectiva: "movimiento simple", ó, "no un movimiento simple"

venir (venir)   *Movimiento simple*
sauter (saltar)   *No un movimiento simple*
rester (quedarse)   *No un movimiento simple*
naître (nacer)   *No un movimiento simple*
partir (irse)   *No un movimiento simple*
aller (ir)   *No un movimiento simple*
descendre (descender)   *No un movimiento simple*
marcher (caminar)   *Movimiento simple*

1. Elle ……………… (*naître*) en 1989. (Ella nació en 1989.) – Elle **est née** en 1989.
2. Hier, il ……………… ici (*venir*). (Ayer, el vino aquí.)
3. La semaine dernière, on ……………… 5 kilometres (*marcher*). (La semana pasada, nosotros caminamos 5 kilómetros.)
4. Emma - Hier, je ……………… dans la forêt (*tomber*). (Emma – Ayer, me caí en el bosque.)

Acciones expresadas por el tiempo pasado con el verbo **avoir** y **être** se suceden la una a la otra.

Primero
Josh **est tombé**. (Josh se cayó.)
Luego
Quelqu'un **est venu** en aide. (Alguien vino a ayudar.)
Luego
Ses amies **sont arrivés**. (Sus amigos llegaron.)

Día 44 – Tiempo pasado: ¿cuando usar el verbo "être" y cuando usar el verbo "avoir" para conjugar?

Durante el **Día 42** y **Día 43** usted ha aprendido el tiempo pasado en francés, **le passé compose**, conjugado con el verbo **avoir** y **être**. Durante el **Día 44** (*usted está aquí*), aprenderá algunos casos particulares sobre *el uso del verbo avoir* y *el verbo être* para conjugar el verbo pasado.

Con el verbo "être"
Algunos verbos, llamados *reflexivos* (**les verbes pronominaux**, *en francés*), son conjugados con el verbo **être**.
Se laver (lavarse)
*Je **me suis lavé** hier.* (Yo me lave ayer.)
*Elle **s'est lavée** hier.* (Ella se lavó ayer.)

Se lever (levantarse)
*Je **me suis levé** tôt ce matin.* (Me levanté temprano esta mañana.)
*Elle **s'est levée** tôt ce matin.* (Ella se levantó temprano esta maána.)

Ahora usted ve claramente el participo pasado, **levé(e)** por ejemplo, concuerda con el sujeto cuando se conjuga con el verbo **être**.
Para usar el verbo **se lever** (levantarse):

Je	*me suis*	*levé(e).*
Tu	*t'es*	*levé(e).*
Il	*s'est*	*levé.*
Elle	*s'est*	*levée.*
Nous	*nous sommes*	*levé(e)s.*
Vous	*vous êtes*	*levé(e)s.*
Ils	*se sont*	*levés.*
Elles	*se sont*	*levées.*

Con el verbo "avoir"
Cuando se usa *con un complemento* (el objeto y el sujeto son diferentes), use el verbo **avoir** para conjugar..

être

Avoir

*Jeff **est sorti**.* (Jeff salió. *Sortir* es uno de los 14 verbos del **Día 43**.)
En la oración anterior, no hay complemento, es Jeff el que salió.

Ahora mira la siguiente oración:
*Jeff **a sorti** son chien.* (Jeff sacó a su perro.)
El objeto no es Jeff aquí, es el perro. El sujeto es diferente al objeto. En este caso, conjugamos los verbos (incluso aquellos del grupo de 14) *con el verbo **avoir**.*
*Hier, Emma **a sorti** son chien.* (Ayer, Emma sacó a su perro.)
*Ce matin, la bergère **a sorti** les moutons.* (Esta mañana, la pastora sacó las ovejas.)

Sin complemento	Con complemento
Emma **est sortie** hier. (Emma salió ayer.)	Emma **a sorti** son chien hier. (Emma sacó ayer a su perro.)
Je **suis sorti(e)**. (Yo salí.)	J'**ai sorti** le chien. (Yo saqué el perro.)
Jeff **est monté** au 6ème. (Jeff subió al 6to piso.)	Jeff **a monté** la boîte au 6ème. (Jeff llevó la caja al 6to piso.)
Emma **est montée** au 6ème. (Emma subió al 6to piso.)	Emma **a monté** la boîte au 6ème. (Emma llevó la caja al 6to piso.)

Ejercicio
¿Es conjugado con el verbo "être" or "avoir"?
1. Emma ……………………… un billet de 5 euros de sa poche (*sortir*). (Emma tomó un billete de 5 euros de su bolsillo.) – Emma **a sorti** un billet de 5 euros de sa poche.
2. La semaine dernière, Jeff ……………………… avec ses amis (*sortir*). (La semana pasada, Jeff salió con sus amigos.)
3. Ce matin, Emma ……………………… très tôt (*sortir*). (Esta mañana, Emma salió muy temprano.)
4.
Jeff - Je me lève tôt le matin. Ce matin, je ……………………… à 6h30 (*se lever*). (Me levanto temprano en la mañana. Esta mañana, me levanté a las 6:30am.)
Emma – Je me couche tard le soir. Hier soir, je ……………………… vers minuit (*se coucher*). (Voy a la cama tarde en la noche. Anoche fui a la cama alrededor de la media noche)

5. Jeff .... son chien hier (*sortir*). (Jeff saco a su perro.)

6. Emma .... avec ses amis hier (*sortir*). (Emma salio con sus amigas ayer.)

Día 45 – L'imparfait – Ajustando la escena en el pasado

L'imparfait cuenta una historia del pasado. Muestra como algo era en el pasado, estilo de vida, habitos... **L'imparfait** *pinta* una actividad, un estado, etc, que tomó lugar en el pasado. Si **l'imparfait** es una pelicula, un titulo adecuado seria *"24 horas de la vida de Josh en los 90s"*, y desde ahi puedes describir como era la vida de Josh. Todo lo sucedido (hace un año o hace 10 años) en esta película puede ser descrito con **l'imparfait**.

Podemos forzar una traducción de *"l'imparfait"* como *"El imperfecto"*, pero este tiempo francés en particular no comparte ninguna noción de *perfecto* o *imperfecto*. Mejor lo llamamos *"Muy Francés"* y dejarlo asi.

*Josh **était** étudiant.* (Josh era un estudiante.)
*Josh **se levait** tôt.* (Josh se levantó temprano. *En la película la alarma sonó a las 6:30am,* por ejemplo.)
*Josh **mangait** des céréales pour le petit-dejeuner.* (Josh comió cereal en el desayuno)

*Josh **aimait** ses parents.* (Josh amaba a sus padres. *De nuevo, estamos describiendo lo que podemos ver en la pelicula.*)
*Sa mère, Elsa, **tenait** une grande ferme avec des poules.* (Su madre, Elsa, tenía una gran granja con pollos.)
*Son père, James, **tenait** un magasin de bricolage.* (Su padre, James, tenía una ferreteria.) *Ils dînions avec le rugissement d'une fournaise.* (Ellos tenian cenas con una chimenea ardiendo.)

L'imparfait	Tiempo pasado con el verbo *avoir* y *être*
· <u>Usual/acciones repetidas/estados</u> que toman lugar en el pasado · <u>El día día</u> en el pasado	· <u>Una accion individual</u> que paso en el pasado · La acción <u>no es repetida</u>

La conjugación de "l'imparfait"
Terminaciones de verbos:
(je) **-ais**, (tu) **-ais**, (il/elle/on) **-ait**, (nous) **-ions**, (vous) **-iez**, (ils/elles) **-aient**

	demander (preguntar)	**habiter** (vivir)	**parler** (hablar)	**avoir** (tener)
Je	demand**ais**	habit**ais**	parl**ais**	av**ais**
Tu	demand**ais**	habit**ais**	parl**ais**	av**ais**
Il	demand**ait**	habit**ait**	parl**ait**	av**ait**
Elle	demand**ait**	habit**ait**	parl**ait**	av**ait**
On	demand**ait**	habit**ait**	parl**ait**	av**ait**
Nous	demand**ions**	habit**ions**	parl**ions**	av**ions**
Vous	demand**iez**	habit**iez**	parl**iez**	av**iez**
Ils	demand**aient**	habit**aient**	parl**aient**	av**aient**
Elles	demand**aient**	habit**aient**	parl**aient**	av**aient**

! Nota, *"Je"* se une a la siguiente palabra sin apostrofe (') cuando la palabra empieza con una vocal o una consonante silenciosa: *J'avais...* (Yo tenía...), *J'habitais...* (Yo vivía...)
*Il y **avait** une vieille maison abandonnée où Josh **vivais**.* Había una vieja casa abandonada donde Josh vivía. *Estado usual (usual/acción repetida)*

*Un jour, Emma **a visité** ce village.* (Un día, Emma visitó este pueblo. *Una acción singular*)
*Quand j'**était** petit, je **dormais** si bien.* (Cuando yo era una niña, yo dormía bien. *usual/acción repetida*)
Si no estas seguro sobre la terminación de un verbo de **l'imparfait**, el verbo **dormer** (dormir), *por ejemplo*, mira <u>terminación de verbo del tiempo presente</u> en una tabla de conjugación con el sujeto **vous**. El tiempo presente del verbo *dormir* es conjugado con *vous* como: *Vous dorm**ez***. Ahora, solo reemplaza la terminación **–ez** con **–ais** (para Je), **-ions** (para Nous, etc.) y mantenga la estructura del cuerpo igual.

Verbos	Tiempo presente con vous"	L'imparfait
dormir (dormir)	*Vous dorm**ez***	*Je dorm**ais*** *Tu dorm**ais*** *Vous dorm**iez*** *Nous dorm**ions*** … etc
choisir (escoger)	*Vous choisiss**ez***	*Je choisiss**ais*** *Tu choisiss**ais*** *Vous choisiss**iez*** *Nous choisiss**ions*** … etc
Avoir (tener)	*Vous av**ez***	*J'av**ais*** *Tu av**ais*** *Vous av**iez*** *Nous av**ions*** … etc

Algunos verbos tienen terminaciones irregulares :

Verbo	**L'imparfait**	notas
Faire (hacer)	*Je **fais**ais*	*Pronounciado como "fezé"*
Dire (decir)	*Je **dis**ais*	*Pronunciado como "dizé"*
Manger (comer, *terminaciones -ger*)	*Je **mange**ais*	*g+e+ais / g+e+ions, etc*
Commencer (comenzar, terminación *-cer*)	*Je **commenç**ais*	*ç+ais / ç+ions, etc*

Acciones expresadas por **l'imparfait** *pueden tomar lugar al mismo*

tiempo. Imagina *"una captura de pantalla de la película de Josh"*. Cada acción que ves en esta imagen está descrita por **l'imparfait**.
*Josh **marchait** dans la rue*. (Josh estaba caminando en la calle.)
*Un chien **s'enfuyait**.* (Un perro se estaba escapando.)
*Le ciel **était** gris*. (El cielo estaba gris.)
*Il y **avait** des voitures qui **passaient***. (Habían autos pasando.)
*Une femme **sortait** de chez elle*. (Una dama estaba saliendo de su casa.)
*Deux enfants qui **jouaient** sur le trottoir*. (Dos niños estaban jugando en el pavimento.)

Ejercicio
L'imparfait – ajustando la escena en el pasado
1. Je … … … … … des bêtises quand je … … … … … petit (*faire/être*). (Yo perdía el tiempo cuando era pequeño.) – Je **faisais** des bêtises quand j'**étais** petit.
2. Liste las terminaciones de los verbos de **l'imparfait**: (a) *Je*, **-ais** (b) *Tu*, **-ais** (c) *Il*, **-ait** (d) *Elle*, **-ait** (e) *On*, … … … … … (f) *Nous*, … … … … … (g) *Vous*, … … … … … (h) *Ils*, … … … … …, (i) *Elles*, … … … … …
3. (En la película *"24 horas de la vida de Josh en los 90s"*, Josh come su almuerzo en la escuela. El vuelve a casa a las 4pm. El ayuda a sus padres en la casa. Él va a dormir a las 9pm.)
a. *Josh* … … … … … *son déjeuner à l'école* (*avoir*). (El almorzaba en la escuela.)
b. *Il* … … … … … *chez lui à 16h* (*rentrer*). (Él volvía a casa a las 4pm.)
c. *Il* … … … … … *ses parents à la maison* (*aider*). (El ayudaba a sus padres en la casa.)
d. *Il* … … … … … *à 21h* (*se coucher*). (Él se iba a dormir a las 9pm.)

Día 46 – Tiempo futuro, Je viendrai (Yo vendré)

Para expresar el tiempo futuro, los verbos franceses tienen *terminaciones basadas en*"**r**".
(Je) **-rai**, (Tu) **-ras**, (Il/Elle/On) **-ra**, (Nous) **-rons**, (Vous) **-rez**, (Ils/Elles) **-ront**

Venir (venir)
*Je viend**rai**.* (Yo vendré.)
*Tu viend**ras**.* (Tú vendrás.)
*Elle viend**ra**.* (Ella vendrá.)
*Nous viend**rons**.* (Nosotros vendremos.)
*Vous viend**rez**.* (Usted vendrá.)
*Ils viend**ront**.* (Ellos vendran.)

Être (ser/estar)
*Je se**rai** là.* (Yo estaré ahí.)
*Tu se**ras** là.* (Tú estaras ahí.)
*Il se**ra** là.* (Él estará ahí.)
*Elle se**ra** là.* (Ella estará ahí.)
*Nous se**rons** là.* (Nosotros estaremos ahí.)
*Vous se**rez** là.* (Usted estará ahí.)
*Ils se**ront** là.* (Ellos estarán ahí.)
*Elles se**ront** là.* (Ellas estarán ahí.)

Avoir (tener)
*J'au**rai** une maison un jour.* (Yo tendré una casa un día.)
*Tu au**ras** une maison un jour.* (Tú tendrás una casa un día.)
*Il au**ra** une maison un jour.* (Él tendrá una casa un día.)
*Elle au**ra** une maison un jour.* (Ella tendrá una casa un día.)
*Nous au**rons** une maison un jour.* (Nosotros tendremos una casa un

día.)
*Vous au**rez** une maison un jour.* (Usted tendrá una casa un día.)
*Ils au**ront** une maison un jour.* (Ellos tendrán una casa un día.)
*Elles au**ront** une maison un jour.* (Ellas tendrán una casa un día.)

Faire (hacer)
*Je **ferai*** (Yo haré), *Tu **feras*** (Tú haras), *Il **fera*** (Él hará), *Elle **fera*** (Ella hará), *Vous **ferez*** (Usted hará), *Nous **ferons*** (Nosotros haremos), *Ils **feront*** (Ellos haran), *Elles **feront*** (Ellas harán)

Voir (ver)
*Je **verrai*** (Yo veré), Sí, doble **rr**, *Tu **verras*** (Tú verás), *Il **verra*** (Él verá), *Elle **verra*** (Ella verá), *Vous **verrez*** (Usted verá), *Nous **verrons*** (Nosotros veremos), *Ils **verront*** (Ellos veran), *Elles **verront*** (Ellas veran)

Aller (ir)
*J'**irai** à Paris un jour.* (Iré a Paris un día.)
*Tu **iras** à Paris un jour.* (Tú iras a Paris un día.)
*Il **ira** à Paris un jour.* (Él irá a Paris un día.)
*Elle **ira** à Paris un jour.* (Ella irá a Paris un día.)
*Vous **irez** à Paris un jour.* (Usted irá a Paris un día.)
*Nous **irons** à Paris un jour.* (Nosotros iremos a Paris un día.)
*Ils **iront** à Paris un jour.* (Ellos iran a Paris un día.)
*Elle **iront** à Paris un jour.* (Ellas iran a Paris un día.)

Ejercicio
Tiempo futuro
1. Je … … … … … quelque chose à manger (*faire*). (Haré algo para comer.) – Je **ferai** quelque chose à manger.
2. Je … … … … … quelques exercices. (Haré algunos ejercicios.)
3. Mes parents … … … … … … … chez moi vendredi soir (*venir*). (Mis padres vendrán a mi casa el Viernes por la noche.)
4. Dans quelques années, mon fils … … … … … grand (*être*). (En algunos años, mi hijo será alto. *fils pronounciado como fis, la "s" es pronunciada pero no la "l"*)
5. Cette année, j'ai 26 ans. (Este año tengo 26 años.) L'année prochaine, je … … … … … 27 ans (*avoir*). (El año que viene, tendré

27 años.)
6. Ils se sont fiancés. (Ellos estan comprometidos.) Bientôt, ils ... ...
... ... (*se marier*). (Pronto, estarán casados.)
7. Nous ... ... à leur mariage (*aller*). (Nosotros iremos a su matrimonio.)

Día 47 – Repaso de verbos franceces hasta ahora

Si alguien completamente novato te preguntase, ¿Puedes explicarle los siguientes 5 puntos a él?

1. **El tiempo presente francés**, con verbos que terminan en **–er**, **-ir**, y, **-re**, que el francés no tiene un tiempo continuo, y que este tiempo es realmente el centro de la comunicación francesa.

2. **El tiempo future cercano**, con el verbo "aller + infinitivo": *Je* **vais**

manger. (Yo voy a comer.)
3. **El tiempo pasado**, con el verbo "avoir" y "être": *J'ai mangé.* (Yo comí.) *Je **suis** parti.* (Yo me fuí.)
4. **L'imparfait**, ajustando la escena al pasado, ¿Recuerdas la película de Josh?
5. **El tiempo futuro**, con terminaciones basadas en **r-**; *Je mangrai* (yo comeré), *Vous **irez*** (Usted irá).

Si puedes explicar estos sin mirar el libro, entonces puedes saltarte toda la lección de hoy, y avanzar al **Día 48**.
Pero, si todavía tienes ciertas dudas sobre estos, o si no los recuerdas bien, entonces quédate y haremos un pequeño repaso de cada uno.

A una pregunta en un blog www.reddit.com llamada *"¿Cuales tiempos son los mas escenciales para el francés hablado?"*, un usuario llamado **capteurdereves** dio esta respuesta: *"Soy un profesor de francés. Idealmente, tú deberías ser capaz de comunicarte en el presente y el futuro… … … alrededor del 90% del tiempo. Conocer los tiempos passé composé y imparfait son la major manera de comunicarte en el pasado…"*
Con los 5 tiempos listados arriba, facilmente somos capaces de comunicarnos en francés el 90% del tiempo, en cualquier situación, *día a día ó profesional.*

El repaso
1. **El tiempo presente francés**, con verbos que terminan en **-er**, **-ir**, y, **-re**

Manger (comer), terminación **-er**

Je	mang**e**	*Je mange du yaourt.* (Yo como como yogurt.)
Tu	mang**es**	*Tu manges du yaourt.* (Tú comes yogurt.)
Nous	mang**eons**	*Nous mangeons du yaourt.* (Nosotros comemos yogurt.)
Vous	mang**ez**	*Vous mangez du yaourt.* (Usted come yogurt.)

Sortir (salir), **sentir** (oler/sentir) **partir** (irse), terminación **-ir**

Je	sor**s**	sen**s**	par**s**
Tu	sor**s**	sen**s**	par**s**
Nous	sor**tons**	sen**tons**	par**tons**

| Vous | sortez | sentez | partez |

Lire (leer), **attendre** (esperar) **mettre** (poner), terminación **-re**

Je	lis	attends	mets
Elle	lit	attend	met
Nous	lisons	attendons	mettons
Ils	lisent	attendent	mettent

2. **El tiempo future cercano**, con el verbo "aller + infinitivo": *Je vais manger.* (Yo voy a comer.)

	aller (ir)	**partir** (irse)	**manger** (comer)
Je	vais	partir	manger
Tu	vas	partir	manger
Elle	va	partir	manger
Nous	allons	partir	manger
Vous	allez	partir	manger
Ils	vont	partir	manger

3. **El tiempo pasado**

con el verbo "**avoir**": *J'ai mangé.* (Yo comí.)

	manger (comer)			**être** (ser/estar)	
J'	ai	mangé.	J'	ai	été.
	(Yo comí.)			(Yo fuí/estaba.)	
Tu	as	mangé.	Tu	as	été.
Il	a	mangé.	Il	a	été.
Nous	avons	mangé.	Nous	avons	été.
Vous	avez	mangé.	Vous	avez	été.
Ils	ont	mangé.	Ils	ont	été.

con el verbo "**être**": *Je suis parti.* (Yo me fuí.)

	aller (ir)			**venir** (venir)	
J'	suis	allé.	Je	suis	venu.
	(yo fuí.)			(Yo vine.)	
Tu	es	allé(e).	Tu	es	venu(e).
Elle	est	allée.	Elle	est	venue.
Nous	sommes	allé(e)s.	Nous	sommes	venu(e)s.
Vous	êtes	allé(s/es).	Vous	êtes	venu(s/es).
Ils	sont	allés.	Ils	sont	venus.

4. **L'imparfait**, ajustando la escena al pasado, ¿Recuerdas la película de Josh?
· <u>Usual/acciones repetidas/estados</u> que tomaron lugar en el pasado
· <u>la vida de todos los días</u> en el pasado
Las terminaciones de los verbos:
(je) **-ais**, (tu) **-ais**, (il/elle/on) **-ait**, (nous) **-ions**, (vous) **-iez**, (ils/elles) **-aient**

	demander (preguntar)	**habiter** (vivir)	**parler** (hablar)	**avoir** (tener)
Je	demand**ais**	habit**ais**	parl**ais**	av**ais**
Il	demand**ait**	habit**ait**	parl**ait**	av**ait**
Nous	demand**ions**	habit**ions**	parl**ions**	av**ions**
Ils	demand**aient**	habit**aient**	parl**aient**	av**aient**

5. **El tiempo futuro**, con terminaciones basadas en **r-**; *Je mangrai* (Yo comeré), *Vous irez* (Usted irá).
Terminaciones verbales:
(Je) **–rai**, (Tu) **–ras**, (Il/Elle/On) **–ra**, (Nous) **–rons**, (Vous) **–rez**, (Ils/Elles) **–ront**
Venir (venir) - *Je vien<u>rai</u>.* (yo vendré.)
Être (ser/estar) - *Nous se<u>rons</u> là.* (Nosotros estaremos ahí.)
Avoir (tener) - *Elle au<u>ra</u> une maison un jour.* (Ella tendrá una casa un día.)
Faire (hacer) - *Je ferai* (Yo haré)
Aller (ir) - *Elle ira à Paris un jour.* (Ella irá a Paris un día.)

Diagrama de tiempo

En el pasado:
*Josh **marchait** beaucoup.* (Josh caminaba mucho.)
A las 7am:
*Josh **a mangé** son petit déjeuner.* (Josh comió su desayuno.)
Ya mismo:
*Josh **est** dans son bureau.* (Josh está en su oficina.)
A las 12:30pm:
*Josh **va manger** son déjeuner.* (Josh va a comer su almuerzo.)
Mañana:
*Josh **verra** sa petite amie.* (Josh verá a su novia.)

Ejercicio
Complete estas dos oraciones para cada tiempo (utilice el diagrama de tiempo para referencias)
1. Josh … … … … … … dans un village (*habiter*). (Josh vivió en un pueblo.) – Josh **habitait** dans un village.
2. Josh … … … … … … ses parents (*aider*). (Josh ayudaba a sus padres.)
3. Ce matin, Josh … … … … … … une douche (*prendre*). (Esta mañana, Josh se duchó.)
4. Il … … … … … … deux œufs pour le petit déjeuner (*manger*). (Él se comió dos huevos en el desayuno.)
5. À present, il … … … … dans son bureau (*être*). (Ahora mismo, el está en la oficina.)
6. Il … … … … … … sur son ordinateur portable (*travailler*). (Él está trabajando en su laptop.)
7. Bientôt, il … … … … … … son bureau (*quitter* = *irse*). (Pronto, el se irá de su oficina.)
8. Il … … … … … … … son déjeuner (*manger*). (Él va a comerse su almuerzo.)
9. Demain, il … … … … … … au bureau (*venir*). (Mañana, él vendrá a oficina.)
10. Il … … … … … avec son petite amie (*manger*). (Él comerá con su novia.)

Día 48 – Adverbios

La forma de muchos **adverbios** está basada en los **adjetivos femeninos**.

Adjetivo masculino	Adjetivo femenino	**Adverbio**
certain (seguro)	certai<u>ne</u> (seguro)	certai<u>ne</u>**ment** (seguramente)
heureux (feliz)	heareu<u>se</u> (feliz)	heureu<u>se</u>**ment** (felizmente)
actuel (actual)	actue<u>lle</u> (actual)	actue<u>lle</u>**ment** (actualmente)
Pueden ocurrir pequeños cambios de escritura		
profond (profundo)	profon<u>de</u> (profundo)	profon<u>dé</u>**ment** (profundamente)
Algunos adjetivos tienen la misma forma tanto en masculino como en femenino		
rare (raro)	rare (raro)	rare**ment** (raramente)
rapide (rápido)	rapide (rápido)	rapide**ment** (rapidamente)

Il va venir **certainement**. (Yo seguramente vendré.)
Elle dort **profondément**. (Ella está durmiendo profundamente.)
Ils sont au restaurant **actuellement**. (Ahora mismo, ellos están en un restaurante.)

Elle a chanté **heureusement**. (Ella cantó felizmente.)
Il voit ses amis **rarely**. (El dificilmente ve a sus amigos.)
Le train est passé **rapidement**. (Él tren está pasando rápidamente.)

Otras formas de adverbios irregulares

Souvent (frecuentemente): *Je regarde la télé **souvent***. (Yo frecuentemente veo la TV.)
Assez (lo suficiente) : *Elle est **assez** gentille avec moi.* (Ella es lo suficientemente gentil conmigo.)
Beaucoup (mucho): *Il pleut **beaucoup** aujourd'hui.* (Está lloviendo mucho hoy.)
Longtemps (mucho tiempo, *una palabra*): *Nous avons attend **longtemps**.* (Nosotros esperamos mucho tiempo.)
Tôt (temprano): *Il se lève **tôt**.* (Él se levanta temprano.)
Vite (rápidamente): *Le temps passé **vite**.* (El tiempo pasa rápidamente.)

Ejercicio
Adverbios (*souvent, ~~actuellement~~, beaucoup, rarement, heureusement* (felizmente, afortunadamente), *profondément*)
1. Le directeur n'est pas là ……………………… (Él director no esta allí de momento.) – Le directeur n'est pas là **actuellement**.)
2. **H**_____ il est revenu. (Afortunadamente, él volvió.)
3. Je suis ………………………… navré. (Estoy profundamente apenado.)
4. **S**_____, il mange …………………………
(Frecuentemente, el come rápido.)
5. Il chante ………………………… (Él canta mucho.)
6. Je vois ………………………… mes voisins. (Dificilmente veo a mis vecinos.)

Día 49 – Depuis (desde), il y a (hace), pendant (por), dans (en)

Preposiciones de tiempo: depuis (desde), **il y a** (hace), **pendant** (por), **dans** (en)

Depuis (desde), Desde el comienzo hasta el presente, la acción continúa
*Je connais Emma **depuis** cinq ans.* (Conozco a Emma desde hace cinco años.)
*Il est au téléphone **depuis** une heure.* (Él está en el teléfono desde una hora.)
*Je vis à Paris **depuis** 2010.* (Yo vivo en Paris desde el 2010.)
*Ils se connaissent **depuis** longtemps.* (Ellos se conocen desde hace mucho tiempo.)

Il y a (hace), un momento en el pasado
*J'ai rencontré Emma **il y a** cinq ans.* (Yo conocí a Emma hace cinco años.)
*Il est allé à Paris **il y a** deux ans.* (Él fue a Paris hace dos años.)
*J'ai entendu la nouvelle **il y a** une heure.* (Escuché las noticias hace una hora.)
*Elle a commencé à apprendre le français **il y a** un an.* (Ella empezó a aprender francés hace un año.)

Pendant (por), un período de tiempo fijo, la acción terminó
*J'ai dormi **pendant** deux heures.* (Dormí por dos horas.)
*J'ai parlé avec lui **pendant** 30 minutes.* (Hablé con el por 30 minutos.)
*J'ai vécu à New York **pendant** des années.* (Viví en Nueva York por años.)
*J'ai lu le journal **pendant** 10 minutes.* (Leí el periódico por 10 minutos.)

Dans (en), un momento en el futuro
*Je verrai Emma **dans** deux jours.* (Veré a Emma en dos días.)
*Nous allons diner **dans** 20 minutes.* (Vamos a cenar en 20 minutos.)
*Je reviens **dans** deux minutes.* (Volveré en dos minutos.)

En (en), un corto período de tiempo
En puede reemplazar *"dans"* cuando quieres enfatizar que tan poco tiempo algo se toma.

*Je peux lire un livre **dans** trois jours.* (Puedo leer un libro en tres días.)
*Il peut lire un livre **en** trois heures !* (¡Él puede leer un libro en tres horas!)
*Je peux apprendre une langue **dans** deux ans.* (Puedo aprender un idioma en dos años.)
*Elle peut apprendre une langue **en** quatre mois !* (¡Ella puede aprender un idioma en cuatro meses!)

Ejercicio
Depuis (desde), **il y a** (hace), **pendant** (por), **dans** (en)
1. Il a regardé la télé … … … … … … une heure. (Él miró la TV por una hora.) – Il a regardé la télé **pendant** une heure.
2. J'ai rencontré Jeff … … … … … … 7 ans. (Conocí a Jeff hace 7 años.)
3. J'ai travaillé en Italie … … … … … … 1 an. (Trabajé en Italia por 1 año.)
4. Je vais prendre un café … … … … … … 15 minutes. (Me tomaré un café en 15 minutos.)
5. Elle a lu dix livres … … … … … … un mois ! (¡Ella leyó diez libros en un mes!)
6. Nous habitons à Paris … … … … … … 2010. (Vivimos en Paris desde el 2010.)

Día 50 – Los pronombres franceces

Pronombres utilizados para identificar una persona:

¿Quién es ese?

C'est (Es)
| *moi* (yo/mí).
| *toi* (tú/tí).
| *lui* (él).
| *elle* (ella).
| *nous* (nosotros).
| *vous* (usted).
| *eux* (ellos *masculino ó mezclado plural*).
| *elles* (ellas).

C'est... es usado tanto para *eso es...* y *esos son...* en el francés cotidiano.

Emma - Qui est-ce dans cette photo ? (¿Quien es ese en la foto?)
Jeff: C'est **lui**, Daniel. (Es él, Daniel.)
Daniel: Oui, c'est **moi**. (Si, soy yo.)
Jasmin: Ah d'accord, c'est **vous** ! (¡Oh, eres tú!)

Utilice los pronombres despues de las preposiciones:
à/avec/chez/pour (a/con/en (la casa de alguien)/para)
*C'est pour **toi**.* (Es para ti.)
*C'est pour **lui/moi/eux/nous**.* (Es para él ó ella/mí/ellos/nosotros.)

Añada un pronombre antes del sujeto *para enfatizar* el sujeto. (! Un pronombre puede que no reemplace el sujeto completamente)

Lui, il voyage beaucoup. (Él viaja mucho.)
Elle, elle est tellement belle. (Ella es muy hermosa.)
Moi, je vais nager dans le lac. (Yo voy a nadar en el lago.)

En escritos formales, *para el plural,* use:
Ce sont (ellos son) **nous** (nosotros), **vous** (usted), **eux** (ellos), **elles** (ellas).

Ce sont (Esos son) | **nous** (nosotros).
| **vous** (usted).
| **eux** (ellos *masculino ó plural mezclado*).
| **elles** (ellas).

à + pronombre
à moi (mio)
à toi (tuyo)
à lui (de él/de ella)
à nous (nuestro)
à vous (suyo)
à eux (de ellos)
à elles (de ellas)
Ce sac, c'est **à moi**. (Este bolso, es mio.)
Ce téléphone, c'est **à elle**. (Este teléfono es de ella.)

Ejercicio
Los pronombres franceces
1. Jeff is ici. (Jeff está aquí.) C'est … … … … (Es él.) Cett voiture, c'est … … … … … … (Este auto, es de él.) - C'est **lui**. Cette voiture, c'est **à lui**.
2. C'est … … … … (Son ellos *Jeff y Emma*)
3. C'est … … … … (Son ellas. *Emma y su hermana.*)
4. C'est … … … … (Son ellos. *Jeff y su hermano.*)
5. C'est … … … … (Somos nosotros.)
6. C'est … … … … (Es nuestro.)

Día 51 – El pronombre "En"

El pronombre francés **"en"** principalmente reemplaza sustantivos con partitivos. (Día 30)

Ten una vista rápida a los partitivos debajo:
la salade (ensalada, *representando todas o cualquier ensalada que exista*)
de la salade (alguna ensalada, *partitivo femenino*, ensalada que te comes, por ejemplo)
le pain (pan, *todos o cualquier pan que exista*)
du pain (algún pan, *partitivo masculino*, el pan que te comes)
les légumes (vegetales, *todos los vegetales*)
des légumes (algunos vegetales, *partitivo plural, los vegetales que utilizas para cocinar, por ejemplo*)

Emma mange *de la salade*. (Emma come ensalada. *partitivo*)
Emme **en** mange. (Emma se la come. *El pronombre en*)

El pronombre en viene antes del verbo.
Jeff boit *du café*. (Jeff bebe café. *partitivo*)
Jeff **en** boit. (Jeff bebe eso. *el pronombre en*)

En es invariable.

Vous avez *des livres*. (Tú tienes libros. *partitivo*)
Vous **en** avez. (Tú los tienes. *El pronombre en*)
Il a *du courage*. (Él tiene valor. *partitivo*)
Il **en** a. (He tiene eso. *el pronombre en*)

En se mantiene incluso si se expresa una cantidad.
Est-ce qu'il a *des amis* ? (¿Él tiene amigos? *partitivo*)
Oui, il **en** a *deux*. (Sí, el tiene dos (de ellos). *El pronombre en*)
As-tu *des livres* dans ton sac à dos ? (¿Tienes libros en tu bolso? *partitivo*)
Oui, j'**en** ai *trois*. (Si, tengo tres. *El pronombre en*)
Est-ce qu'il y a encore *des oeufs* dans le frigo ? (¿Aún quedan huevos

en el refrigerador? *partitivo*)
Oui, il y **en** a beaucoup. (Sí, hay varios. *El pronombre en*)

Mas usos de en con la construcción.
En reemplaza *toda la oración comenzando con de*. Todos los verbos franceses con la construcción: **verbo + de,** puede ser reemplazado por **en**.
Parler de (hablar sobre), *decider de* (decidir), *accepter de* (aceptar), *craindre de* (temer), *essayer de* (intentar), *éviter de* (evitar), *refuser de* (rehusarse)… …

Parler **de**… (hablar de)
Elle parle **de** son ami. (Ella habla sobre su amigo.)
Elle **en** parle. (Ella habla sobre él. *El pronombre en*)

Essayer **de**… (intentar)
Il essaye **de** manger de la nourriture saine. (Él intenta comer comida saludable.)
Il **en** essaye. (Ella lo intenta. *El pronombre en*)

Ejercicio
El pronombre "En"
1. Emma achète des fruits. Puis elle … … … … mange. (Emma compra frutas. Luego ella se las come.) –Emma achète des fruits. Puis elle **en** mange.
2. Elle achète des livres. Puis elle … … … … lit. (Ella compra libros. Luego ella los lee.)
3. Des livres, il … … … … a beaucoup. (Libros, él tiene muchos de ellos.)
4. Des chats, il … … … … a seulement un. (Gatos, el solo tiene uno.)
5. Il parle de son amie. Il … … … … parle tous les jours. (Él habla sobre su amiga. Él habla de ella todos los días.)

Día 52 – El pronombre "Y"

El pronombre francés "**y**" (ahí) es un pronombre de **lugar**. Reemplaza una preposición de lugar. (mira Día 21, 22, 23)

Il est <u>à la maison</u>. (Él está <u>en casa</u>.)
Il **y** est. (Él está ahí. y = à la maison)

Y viene antes del verbo.
Elle voulait aller <u>à la plage</u>. (Ella quería <u>ir a la playa</u>.) Elle **y** est maintenant. (ella está <u>ahí</u> ahora. y = à la plage)

Y reemplaza toda la frase comenzando con una preposición de ubicación.
En el teléfono con un amigo
- Je suis <u>à la station de métro</u>. Où es-tu ? (Estoy en la estación de metro. ¿Donde estas tú?)
- J'**y** suis aussi. (Yo estoy <u>ahí</u> tambien. y = à la station de métro)
Regarde autour de toi. (Mira alrededor de ti.)

Je vais <u>à Paris</u>. I'**y** vais en train. (Yo voy a Paris. Yo estoy yendo <u>allá</u> en tren. y =a Paris)
Emma habite <u>au Canada</u>. (Emma vive en Canada.) Elle **y** habite depuis 2005. (Ella vive <u>ahí</u> desde el 2005. y = au Canada)
On va aller <u>chez nos amis.</u> (Vamos a la casa de nuestros amigos.) On **y** va diner. (Nosotros vamos a cenar <u>ahí</u>. y = chez nos amis)
Cuando estas listo para ir a un lugar, tú dices:
On **y** va ! (¡Vamos! *Expresión fija*)

Más usos de "Y"
Y reemplaza <u>preposiciones verbales con sus frases acompañantes</u>, pensar <u>sobre</u> *(penser à)*, lograr <u>escribir</u> *(arriver à écrire)*, vacilar <u>para decir la verdad</u> *(heister <u>à dire la vérité</u>)*
Elle pense <u>à ses enfants</u>. (Ella piensa en sus hijos.)
Elle y pense. (Ella piensa <u>en ellos</u>. y = à ses enfants)
Il est arrivé <u>à écrire une long lettre à son employeur</u>. (Él se las arregló <u>para escribir una larga carta a su empleador</u>.)

Il y est arrivé. (Él se las arregló y = *à écrire une long lettre à son employeur*)
Il hésite à dire la vérité. (El vacila para decir la verdad.)
Il y hésite. (El vacila y = *à dire la vérité*)
Elle croit à la science. (Ella cree en la ciencia.)
Elle y croit. (Ella cree en eso. y = *à la science*)

Ejercicio
El pronombre "y" (completo con un verbo)
1. Je suis au restaurant. (Yo estoy en un restaurante.) Je ………… (être). (Yo estoy ahí.) – J'**y suis**.
2. Il y a des aniamux dans la forêt. (Hay animales en el bosque.) Il …… en ……… (avoir). (Ahí hay animales.)
3. Le train est à la gare. (El tren está en la estación.) Il ………………… (être). (Está ahí.)
4. Beaucoup de voitures sont sur la route. (Muchos autos estan en la carretera.) Ils ……… ……… (être). (Ellos están ahí.)
5. Je pense à ma mère. (Yo pienso en mi madre.) Je ……… ……… (penser). (Yo pienso en ella.)

Gramática Francesa - principiante / elemental

Día 53 – "pronombres" franceces directos

La diferencia entre directo e indirecto es: "Tú _lo_ miras." (directo), y "To _le_ hablas _a él_" (indirecto)

"pronombres" directos: le (él/eso), **la** (ella/eso), **me** (yo), **te** (tú), **nous** (nosotros), **vous** (usted), **les** (ellos)

Los pronombres son usados para no repetir los mismos sustantivos una y otra vez.
Je bois un café. (Yo me estoy tomando un café.) *Je le bois lentement.* (Yo bebo **eso** lentamente.) *Je le bois savoreusement.* (Yo bebo **eso** con gusto.)
Je regarde un film. (Yo estoy viendo una película.) *Je le regarde.* (Yo estoy viendo **eso**.)
Je déplace la table. (Yo estoy moviendo la mesa.) *Je la déplace.* (Yo estoy moviendo **eso**.)

El pronombre francés *directo viene* antes del verbo.
Elle me regarde. (Ella me mira.)
Je te regarde. (Yo te estoy viendo.)
Mes parents, je les aime. (Mis padres, los amo.)
Elle nous voit. (Ella nos ve.)
Je vous vois. (Yo te veo.)
Elle pousse la porte. (Ella está empujando la puerta.) *Elle la pousse.* (Ella la está empujando.)

Los pronombres singulares (*te, me, le, la*) se acortan antes de una vocal.
Aimer (amar)
J'aime mon frère. (Yo amo a mi hermano.) *Je l'aime.* (Yo lo amo.)
Aider (ayudar)
J'aide mon frère. (Yo ayudo a mi hermano.) *Je l'aide.* (Yo lo ayudo.)
Los pronombres plurales (*nous, vous, les*) no se cambian.
J'aime mes parents. Je les aime. (Yo amo a mis padres. Yo los amo.)
J'aide mes amis. (Yo ayudo a mis amigos.) *Je les aide.* (Yo los ayudo.)

Ejercicio
Pronombres directos
1.
Je regarde Emma. (Estoy mirando a Emma.) Je .... regarde. (La estoy mirando.)
Je regarde Jeff. (Estoy mirando a Jeff.) Je .... regarde. (Lo estoy mirando.)
Je vois un lac. (Yo veo un lago.) Je .... vois. (Yo lo veo.)
Je vois une maison. (Yo veo una casa.) Je .... vois. (Yo la veo.)
*Je regarde Emma. > Je **la** regarde.*
*Je regarde Jeff. > Je **le** regarde.*
*Je vois un lac. > Je **le** vois.*
*Je vois une maison. > Je **la** vois.*
2. Emma aime sa sœur. (Emma ama a su hermana.) Elle .... aime. (Ella la ama.)
3. Jeff aime son frère. (Jeff ama a su hermano.) Il .... aime. (El lo ama.)
4. J'aime mes parents. (Yo amo a mis padres.) Je .... aime. (Yo los amo.)
5. Je vois un arbre. (Yo veo un árbol.) Je .... vois. (Yo lo veo.)
6. Tu regardes un film. (Tú estas viendo una película.) Tu .... regardes. (Tú la estas viendo.)
7. Elle raconte une histoire. (Ella está contando una historia.) Elle .... raconte. (Ella la está contando.)

Día 54 – "Pronombres" indirectos franceces

La diferencia entre directo e indirecto es: "Tú *lo* miras." (directo), y "To *le* hablas *a él*" (indirecto)

"Pronombres" indirectos: lui (*a* eso/él/ella), **me** (*a mí*), **te** (*a tí*), **nous** (*a* nosotros), **vous** (*a* tí), **leur** (*a* ellos)

Los pronombres son utilizados para no repetir los mismos sustantivos una y otra vez.
Je parle à Jeff. (Yo le hablo a Jeff.) *Je **lui** parle.* (Yo le hablo a él.)
Je parle à Emma. (Yo le hablo a Emma.) *Je **lui** parle.* (Yo le hablo a ella.)
I parle à Jeff et Emma. (Yo le hablo a Jeff y Emma.) *Je **leur** parle.* (yo le hablo a ellos.)
Ça arrive à nous. (Nos pasa a nosotros.) *Ça **nous** arrive.* (Nos pasa a nosotros.)

El pronombre francés *indirecto viene* antes del verbo.
*Je **lui** donne un cadeau.* (Yo le dí un regalo.)
*Je **lui** écris une lettre.* (Le estoy escribiendo una carta.)
*Je **lui** téléphone tous les jours.* (Yo lo estoy llamando todos los días.)
*Je **leur** parle au téléphone.* (Yo hablo con ellos por teléfono.)
*Je **lui** réponds.* (Yo le estoy respondiendo.)
*Il **me** parle.* (Él me está hablando.)
*Elle **vous** parle.* (Ella te está hablando.)

Los verbos franceses con la construcción : **verbo + à + objeto**, la parte à + objeto puede ser reemplazada con los *pronombres indirectos*.
faire attention à (prestarle atención a), *viser à* (apuntar a), *tarder à* (retrasarse a), *songer à* (pensar sobre) *dire à* (decir a), *offrir à* (ofrecer a) … …
Fais attention à lui. (Prestarle atención a él.) *Fais **lui** attention.* (Prestarle atención.)
Tu cibles à long terme. (tu apuntas al largo termino.) *Tu **lui** cibles.* (Tú apuntas a eso.)

Ejercicio
Pronombres indirectos

1.
Je parle à Emma. (Yo le hablo a Emma.) Je … … … … … parle. (Yo le hablo a ella.)
Je parle à Jeff. (Yo le hablo a Jeff.) Je … … … … … parle. (Yo le hablo a él.)
Je parle à mes parents. (Yo le hablo a mis padres.) Je … … … … … parle. (Yo le hablo a ellos.)
Je parle aux arbres. (Yo le hablo a los árboles.) Je … … … … … parle. (Yo le hablo a ellos.)
Je parle à Emma. > Je **lui** parle.
Je parle à Jeff. > Je **lui** parle.
Je parle à mes parents. > Je **leur** parle.
Je parle aux arbres. > Je **leur** parle.

2. Il téléphone à elle. (Él la llama.) Il … … … … … téléphone. (Él la llama a ella.)

3. Il peut dire quelque chose **à** nous. (Él puede decirnos algo.) Il peut … … … dire quelque chose. (Él puede decirnos algo a nosotros.)

4. Elle a offert une fleur **à** sa sœur. (Ella le ofreció una flor a su hermana.) Elle … … … a offer une fleur. (Ella le ofreció una flor.)

5. Je vais envoyer une carte postale **à** toi quand je serai en Inde. (Yo te enviaré una postal cuando esté en India.) Je vais … … … envoyer une carte postale quand je serai en Inde. (Te enviaré una postal cuando esté en India.)

Día 55 – Negación

La negación francesa, **ne**... ... **pas** envuelve al verbo.
*Il **ne** mange **pas**.* (El no come.)
*Il **ne** mange **pas** des choses sucrées.* (El no come cosas dulces.)

Con el *passé composé*, **ne**... ... **pas** se envuelve alrededor de los verbos auxiliares *avoir* y *être*:
*Il **n'a pas** mangé des choses sucrées aujourd'hui.* (El no comió cosas dulces hoy.)
*Nous **n'avons pas** fait les courses.* (Nosotros no hicimos las compras.)

Para decir que *alguien no* bebió café (con el verbo *avoir*):

Je	*n'*	ai	*pas*	bu	
Tu	*n'*	as	*pas*	bu	
Il	*n'*	a	*pas*	bu	
Elle	*n'*	a	*pas*	bu	
On	*n'*	a	*pas*	bu	du café.
Nous	*n'*	avons	*pas*	bu	
Vous	*n'*	avez	*pas*	bu	

Ils	**n'**	ont	**pas**	bu
Elles	**n'**	ont	**pas**	bu

Para decir que *alguien* no *salió* (con el verbo *être*):

Je	**ne**	suis	**pas**	sorti(e).
Tu	**n'**	es	**pas**	sorti(e).
Il	**n'**	est	**pas**	sorti.
Elle	**n'**	est	**pas**	sortie.
On	**n'**	est	**pas**	sorti(es).
Nous	**ne**	sommes	**pas**	sorti(e)s.
Vous	**n'**	êtes	**pas**	sorti(e)s.
Ils	**ne**	sont	**pas**	sortis.
Elles	**ne**	sont	**pas**	sorties.

Frases de negación; **ne... ... rien** (nada), **ne... ... plus** (no más), **ne... ... personne** (nadie), **ne... ... jamais** (nunca)

Ne... ... rien (nada), se envuelve alrededor del verbo o los verbos auxiliares *avoir* y *être*
*Il **ne** dit **rien**.* (Él no dice nada.)
*Il **n'a rien** dit.* (Él no dijo nada.)
*Vous **ne** dites **rien**.* (Usted no dice nada.)
*Vous **n'avez rien** dit.* (Usted no dijo nada.)

Ne... ... plus (no más), se envuelve alrededor del verbo o los verbos auxiliares *avoir* y *être*
*Il **ne** fume **plus**.* (Él no fuma mas.)
*Il **n'a plus** fumé.* (Él no fumó mas.)
*Je **ne** fume **plus**.* (Yo no fumo mas.)
*Je **n'ai plus** fumé.* (Yo no fume mas.)

Ne... ... jamais (nunca), se envuelve alrededor del verbo o los verbos auxiliares *avoir* y *être*
*Nous **ne** crions **jamais**.* (Nosotros nunca gritamos.)
*Nous **n'avons jamais** crié.* (Nosotros nunca hemos gritado.)
*Il **ne** voyage **jamais**.* (Él nunca viaja.)
*Il **n'a jamais** voyagé.* (Él nunca viajó.)

Ne... ... personne (nadie), se ubica antes y despues del (los) verbo(s)
*Elle **ne** regarde **personne**.* (Ella no mira a nadie.)
*Elle **n'**a regardé **personne**.* (Ella no miró a nadie.)
*Ils **ne** voient **personne**.* (Ellos no ven a nadie.)
*Ils **n'**ont vu **personne**.* (Ellos no vieron a nadie.)

Rien y **personne** se pueden usar como sujetos, **ne** sigue al sujeto
***Rien ne** fonctionne.* (Nada sigue.)
***Personne ne** vient.* (Nadie viene.)
***Rien n'**a fonctionné.* (Nada funcionó.)
***Personne n'**est venu.* (Nadie vino.)

Ejercicio
Negación
1.
Il ... ... (*dire*). (Él no dice nada.)
Il ... ... (*dire*). (Él no dijo nada.)
*Il **ne** dit **rien**.* (Él no dice nada.)
*Il **n'**a **rien** dit.* (Él no dijo nada.)
2. Elle ... ... (*manger*). (Ella no come.)
3. Il ... ... depuis une heure (*parler*). (Él no ha hablado en una hora.)
4. Elle ... ... du coca-cola (*boir*). (Ella no bebe más coca-cola.)
5. Il ... ... des mots d'argot (*utiliser*). (Él nunca utiliza palabras de jerga.)
6. ... ... parle (*personne*). (Nadie habla.)

Día 56 – Preguntas: **Où** ? (¿Donde?) **Quand** ? (¿Cuando?) **Comment** ? (¿Cómo?) **Combien** ? (¿Cuánto?) **Pourquoi** ? (¿Por qué?)

Preguntando en el tiempo presente:
Est-ce que nous partons ? ó Nous partons ? (¿Deberíamos irnos? *Levante su entonación hacia el final de* "Nous partons ?")

Preguntando con el *passé composé*:
Est-ce que nous avons acheté du lait ? ó Nous avons acheté du lait ? (¿Nosotros compramos la leche? *Levante su entonación hacia el final de* "Nous avons ahceté du lait ?")

Où ? (¿Donde?), **Quand** ? (¿Cuando?), **Comment** ? (Cómo), **Combien** ? (¿Cuanto?), **Pourquoi** ? (¿Por qué?)

Formación:
Où/Quand/Comment/Combien/Pourquoi + verbo + sujeto (cuando una oración comienza con una pregunta, el orden *sujeto-verbo* es *revertido con un guión*)

| Où | *Où* allons-nous ? | (¿A donde vamos?) |

Quand	*Quand allons-nous ?*	(¿Cuando vamos?)
Comment	*Comment allons-nous ?*	(¿Cómo vamos?)
Combien	*Combien de personnes vont-ils ?*	(¿Cuantas personas van?)
Pourquoi	*Pourquoi allons-nous ?*	(¿Por qué vamos?)

Puedes decir (sin la reversion sujeto-verbo ni el guión, *solo en el francés hablado*):

Nous allons **où** *?* (¿Estamos yendo a donde?)

Nous allons **quand** *?* (¿Iremos cuando?)

Pourqoit doit-on aller ? (¿Por qué debemos ir?) – **Par ce qu'**on doit aller. (Porque tenemos que ir. *Nueva palabra: par ce que = porque*)

Ejercicio
Preguntas : Où ?, Quand ?, Comment ?, Combien ?, Pourquoi ?
1. Nous allons. (Nosotros vamos.)
   ………………………………… (nous allons) ? (¿Cuando vamos?)
   ………………………………… (nous allons) ? (¿Por qué vamos?)
   Qhand allons-nous ? (¿Cuando vamos?)
   Pourquoi allons-nous ? (¿Por qué vamos?)
2. …………………………………… (vous allez) ? (¿Por qué va usted?)
3. …………………………………… (ils vont) ? (¿Cuantas personas van?)
4. …………………………………… (ils vont) ? (¿Cuando irán?)
5. …………………………………… (Ils vont) ? (¿Cuando irán? *Francés hablado*)

Día 57 – Preguntas: Qui ? (¿Quien?), Que ? (¿Qué?), Quel ? (¿Cual?)

Qui (quien), Que (qué), Quel (cual)

Qui (quien)
Qui est-ce ? (¿Quien es?)
Qui est la dame là-bas ? (¿Quien es la dama de allí?)
Qui cherchez-vous ? (¿A quién está buscando?)
En el francés hablado:
Vous cherchez *qui* ? (¿A quien está buscando?)

Que / Qu'est-ce que / Quoi (que)

formal	Francés cotidiano	hablado
Que cherchez-vous ? (¿A quién está buscando?)	**Qu'est-ce que** vous cherchez ? (¿Que está buscando?)	Vous cherchez **quoi** ? (¿Que está buscando?)
Que mangez-vous ? (¿Que está comiendo?)	**Qu'est-ce que** vous mangez ? (¿Que está comiendo?)	Vous mangez **quoi** ? (¿Que está comiendo?)

Con **que**, el orden sujeto-verbo es invertido, no con **qu'est-ce que** y **quoi**
Que voyez-vous ? (¿Que ve usted?), *Qu'est-ce que* vous voyez ? (¿Que ve usted?), *Vous voyez quoi* ? (¿Que ve usted?)

Quel / Quelle (cual)

masculino singular	masculino plural	femenino singular	femenino plural
Quel vélo ? (¿Cual bicicleta?)	**Quels** vélos? (¿Cuales bicicletas?)	**Quelle** maison? (¿Cual casa?)	**Quelles** maisons? (¿Cuales casas?)

¿Cual(es)**?**

Lequel ? (¿Cual? *masculino singular*)
Lesquels ? (¿Cuales? *masculino plural*)
Laquelle ? (¿Cual? *femenino singular*)
Lesquelles ? (¿Cuales? *femenino plural*)

Ejercicio

1. ... ... cherches-tu ? (¿A quien estas buscando?) – **Qui** cherches-tu ?
2. ... ... tu fais ? (*francés cotidiano*) (¿Que estás haciendo?)
3. ... ... avez-vous acheté ? (*formal*) (¿Que compraste?)
4. ... ... vous a dit ça ? (¿Quien le dijo eso?)
5. Ami ? ... ... ami ? (¿Amigo? ¿Cual amigo?)
6. Des livres ? ... ... ? (¿Libros? ¿Cuales?)
7. Dans ... ... ville habites-tu ? (¿En que ciudad vives?)

Día 58 – Pronombres relativos: **La femme qui...** (La mujer que...), **La photo que...** (la foto que...)

El relative francés **qui** reemplaza el sujeto mientras que **que** reemplaza el objeto.

Qui (pronombre relativo de sujeto, *reemplazando sujetos tanto personas (une femme, una mujer) y objetos (une voiture, un auto)*
Une femme est là-bas. (Una dama está allí.) Cette femme est belle. (Esta dama es hermosa.)
La femme **qui** est là-bas est belle. (La dama (que está) de allí es hermosa.)
Qui + verbo (ya que *qui* es un pronombre relative al sujeto, usualmente lo sigue un verbo)
Une voiture passe. (un auto está pasando.) Cette voiture est rouge. (Este auto es rojo)
La voiture **qui** passe est rouge. (El auto que está pasando es rojo.)
Il y a des oiseaux. Les oiseaux chantent. (Hay aves. Las aves estan cantando.)
Les oiseaux **qui** sont là chantent. (Las aves (que estan ahí) están cantando.)
En francés, un pronombre relativo no puede ser excluido
Un garçon est venu. Le garçon nous a apporté un message. (Un chico vino. El chico nos trajo un mensaje.)
Le garçon **qui** est venu nous a apporté un message. (El chico (que vino) nos trajo un mensaje.)

Que (pronombre relative de objeto, *reemplazando objetos tanto personas (une femme, una mujer) y objetos (un thé, un té)*
Je regarde une femme. Cette femme est belle. (Estoy mirando una dama. Esta dama es hermosa.)
La femme **que** je regarde est belle. (La dama que estoy mirando es hermosa.)
Que + subject (ya que *que* es un pronombre relativo de objeto, usualmente un sujeto lo sigue)

Elle boit un thé. Ce thé est chaud. (Ella está bebiendo un té. Este té está caliente.)
Le thé **qu'**elle boit est chaud. (El té que ella está bebiendo está caliente.)
En francés, un pronombre relative no puede excluirse.
J'écoute de la musique. Cette musique est douce. (Yo estoy escuchando música. Esta música es dulce.)
La musique **que** j'écoute est douce. (La música (que) yo estoy escuchando es dulce.)

Ejercicio
Pronombres relativos: qui, que
1.
Une femme marche. Cette femme est belle. (Una dama está caminando. Esta dama es hermosa.) La femme … … … marche est belle. (La dama que está caminando es hermosa.)
La femme **qui** marche est belle.
Je conduis une voiture. Cette voiture est rouge. (Estoy conduciendo un auto. Este auto es rojo.) La voiture … … … … je conduis est rouge. (El auto (el cual) yo estoy conduciendo es rojo.)
La voiture **que** je conduis est rouge.
2. Un chanteur chante. Ce chanteur est très connu. (Un cantante está cantando. Este cantante es muy bien conocido.)
Le chanteur … … … … chante est très connu. (El cantante que está cantando es muy bien conocido.)
3. Un animal sort de sa tanière. Cet animal est grand. (Un animal está saliendo de su guarida. Este animal es grande.)
L'animal … … … … sort de sa tanière est grand. (El animal saliendo de su guarida es grande.)
4. Je regarde un animal. Cet animal est grand. (Yo estoy viendo un animal. Este animal es grande.)
L'animal … … … … je regarde est grand. (El animal que estoy viendo es grande.)

CONJUGACIÓN VERBAL DEL FRANCÉS

100 verbos franceses más comunes: *adaptados al nivel de francés que aprendes en este libro*

TENERONES FRANCESES
Recapitulatif por lo que has aprendido del libro (Día 47):
1. *El tiempo presente francés*, con verbos que terminan en *–er, -ir,* y, *-re,* que el francés no tiene un tiempo continuo, y que este tiempo es realmente el centro de la comunicación francesa.   YO HABLO CON = ESTOY HABLANDO
2. *El tiempo pasado*, con el verbo "avoir" y "être": *J'***ai mangé**. (Yo comí.) Je **suis** parti. (Yo me fuí.)
3. *L'imparfait*, ajustando la escena al pasado, ¿Recuerdas la película de Josh?
5. *El tiempo futuro*, con terminaciones basadas en *r-*; Je mang**rai** (yo comeré), Vous i**rez** (Usted irá).

INDIRECT PRONOUNS
me / m'   NOUS   • ELLE M'A DONNÉ UN GÂTEAU
TE / T'   VOUS   • IL NOUS A DONNÉ UNE CHANCE
LUI   LEUR

ÊTRE (ser)

TIEMPO PRESENTE	il a été	ils étaient
je suis	nous avons été	
tu es	vous avez été	TIEMPO FUTURO
il est	ils ont été	je serai
nous sommes	L'IMPARFAIT	tu seras
vous êtes	j'étais	il sera
ils sont	tu étais	nous serons
	il était	vous serez
PASADO	nous étions	ils seront
j'ai été	vous étiez	
tu as été		

AVOIR (tener)

TIEMPO PRESENTE	tu as	vous avez
j'ai	il a	ils ont
	nous avons	

PASADO	L'IMPARFAIT	TIEMPO FUTURO
j'ai eu	j'avais	j'aurai
tu as eu	tu avais	tu auras
il a eu	il avait	il aura
nous avons eu	nous avions	nous aurons
vous avez eu	vous aviez	vous aurez
ils ont eu	ils avaient	ils auront

POUVOIR (ser capaz)

TIEMPO PRESENTE
je peux
tu peux
il peut
nous pouvons
vous pouvez
ils peuvent

PASADO
j'ai pu
tu as pu
il a pu
nous avons pu
vous avez pu
ils ont pu

L'IMPARFAIT
je pouvais
tu pouvais
il pouvait
nous pouvions
vous pouviez
ils pouvaient

TIEMPO FUTURO
je pourrai
tu pourras
il pourra
nous pourrons
vous pourrez
ils pourront

FAIRE (que hacer para que)

TIEMPO PRESENTE
je fais
tu fais
il fait
nous faisons
vous faites
ils font

PASADO
j'ai fait
tu as fait
il a fait
nous avons fait
vous avez fait
ils ont fait

L'IMPARFAIT
je faisais
tu faisais
il faisait
nous faisions
vous faisiez
ils faisaient

TIEMPO FUTURO
je ferai

tu feras
il fera
nous ferons

vous ferez
ils feront

METTRE (poner, colocar)

TIEMPO
PRESENTE
je mets
tu mets
il met
nous mettons
vous mettez
ils mettent

PASADO
j'ai mis
tu as mis
il a mis
nous avons mis
vous avez mis
ils ont mis

L'IMPARFAIT
je mettais
tu mettais
il mettait
nous mettions
vous mettiez
ils mettaient

TIEMPO
FUTURO
je mettrai
tu mettras
il mettra
nous mettrons
vous mettrez
ils mettront

DEVOIR (ener que, deber, deber)

TIEMPO
PRESENTE
je dois
tu dois
il doit
nous devons
vous devez
ils doivent

PASADO
j'ai dû

tu as dû
il a dû
nous avons dû
vous avez dû
ils ont dû

L'IMPARFAIT
je devais
tu devais
il devait
nous devions

vous deviez
ils devaient

TIEMPO
FUTURO
je devrai
tu devras
il devra
nous devrons
vous devrez
ils devront

PRENDRE (tomar, atrapar, capturar)

TIEMPO PRESENTE
je prends
tu prends
il prend
nous prenons
vous prenez
ils prennent

PASADO
j'ai pris
tu as pris
il a pris
nous avons pris
vous avez pris
ils ont pris

L'IMPARFAIT
je prenais
tu prenais
il prenait
nous prenions
vous preniez
ils prenaient

TIEMPO FUTURO
je prendrai
tu prendras
il prendra
nous prendrons
vous prendrez
ils prendront

DONNER (dar, producir)

TIEMPO PRESENTE
je donne
tu donnes
il donne
nous donnons
vous donnez
ils donnent

PASADO
j'ai donné
tu as donné
il a donné
nous avons donné
vous avez donné
ils ont donné

L'IMPARFAIT
je donnais
tu donnais
il donnait
nous donnions
vous donniez
ils donnaient

TIEMPO FUTURO
je donnerai
tu donneras
il donnera
nous donnerons
vous donnerez
ils donneront

ALLER (ir)

TIEMPO PRESENTE
je vais
tu vas
il va
nous allons
vous allez
ils vont

PASADO
je suis allé
tu es allé
il est allé
nous sommes allés
vous êtes allés
ils sont allés

L'IMPARFAIT
j'allais
tu allais
il allait
nous allions
vous alliez
ils allaient

TIEMPO
FUTURO
j'irai
tu iras
il ira
nous irons
vous irez
ils iront

VOULOIR (querer, desear)

TIEMPO
PRESENTE
je veux
tu veux
il veut
nous voulons
vous voulez
ils veulent

PASADO
j'ai voulu
tu as voulu
il a voulu
nous avons voulu
vous avez voulu
ils ont voulu

L'IMPARFAIT
je voulais
tu voulais
il voulait
nous voulions
vous vouliez
ils voulaient

TIEMPO
FUTURO
je voudrai
tu voudras
il voudra
nous voudrons
vous voudrez
ils voudront

SAVOIR (saber)

TIEMPO
PRESENTE
je sais
tu sais
il sait
nous savons
vous savez
ils savent

PASADO
j'ai su
tu as su
il a su
nous avons su
vous avez su
ils ont su

L'IMPARFAIT
je savais
tu savais
il savait
nous savions
vous saviez
ils savaient

TIEMPO
FUTURO
je saurai
tu sauras
il saura
nous saurons
vous saurez
ils sauront

FALLOIR (a tener que)

TIEMPO PRESENTE	il a fallu	—
—	—	TIEMPO FUTURO
il faut	L'IMPARFAIT	—
—	—	il faudra
—	il fallait	—
PASADO	—	—
—	—	—

VOIR (to see)

TIEMPO PRESENTE	tu as vu	vous voyiez
je vois	il a vu	ils voyaient
tu vois	nous avons vu	
il voit	vous avez vu	TIEMPO FUTURO
nous voyons	ils ont vu	je verrai
vous voyez	L'IMPARFAIT	tu verras
ils voient	je voyais	il verra
	tu voyais	nous verrons
PASADO	il voyait	vous verrez
j'ai vu	nous voyions	ils verront

DEMANDER (preguntar, solicitar)

TIEMPO PRESENTE	il demande	vous demandez
je demande	nous demandons	ils demandent
tu demandes		PASADO
		j'ai demandé

tu as demandé
il a demandé
nous avons demandé
vous avez demandé
ils ont demandé

L'IMPARFAIT
je demandais
tu demandais
il demandait
nous demandions
vous demandiez
ils demandaient

TIEMPO FUTURO
je demanderai
tu demanderas
il demandera
nous demanderons
vous demanderez
ils demanderont

TROUVER (encontrar, descubrir)

TIEMPO PRESENTE
je trouve
tu trouves
il trouve
nous trouvons
vous trouvez
ils trouvent

PASADO
j'ai trouvé
tu as trouvé
il a trouvé
nous avons trouvé
vous avez trouvé
ils ont trouvé

L'IMPARFAIT
je trouvais
tu trouvais
il trouvait
nous trouvions
vous trouviez
ils trouvaient

TIEMPO FUTURO
je trouverai
tu trouveras
il trouvera
nous trouverons
vous trouverez
ils trouveront

RENDRE (regresar (algo), devolver)

TIEMPO PRESENTE
je rends
tu rends
il rend
nous rendons
vous rendez
ils rendent

PASADO
j'ai rendu
tu as rendu
il a rendu
nous avons rendu
vous avez rendu
ils ont rendu

L'IMPARFAIT
je rendais
tu rendais
il rendait

nous rendions
vous rendiez
ils rendaient

TIEMPO
FUTURO
je rendrai
tu rendras

il rendra
nous rendrons
vous rendrez
ils rendront

VENIR (venir)

TIEMPO
PRESENTE
je viens
tu viens
il vient
nous venons
vous venez
ils viennent

PASADO
je suis venu
tu es venu

il est venu
nous sommes venus
vous êtes venus
ils sont venus

L'IMPARFAIT
je venais
tu venais
il venait
nous venions

vous veniez
ils venaient

TIEMPO
FUTURO
je viendrai
tu viendras
il viendra
nous viendrons
vous viendrez
ils viendront

PASSER (pasar, pasar)

TIEMPO
PRESENTE
je passe
tu passes
il passe
nous passons
vous passez
ils passent

PASADO
j'ai passé
tu as passé

il a passé
nous avons passé
vous avez passé
ils ont passé

L'IMPARFAIT
je passais
tu passais
il passait
nous passions

vous passiez
ils passaient

TIEMPO
FUTURO
je passerai
tu passeras
il passera
nous passerons
vous passerez
ils passeront

COMPRENDRE (entender, incluir, comprender)

TIEMPO PRESENTE
je comprends
tu comprends
il comprend
nous comprenons
vous comprenez
ils comprennent

PASADO
j'ai compris
tu as compris
il a compris
nous avons compris
vous avez compris
ils ont compris

L'IMPARFAIT
je comprenais
tu comprenais
il comprenait
nous comprenions
vous compreniez
ils comprenaient

TIEMPO FUTURO
je comprendrai
tu comprendras
il comprendra
nous comprendrons
vous comprendrez
ils comprendront

RESTER (quedarse, quedarse)

TIEMPO PRESENTE
je reste
tu restes
il reste
nous restons
vous restez
ils restent

PASADO
je suis resté
tu es resté
il est resté
nous sommes restés
vous êtes restés
ils sont restés

L'IMPARFAIT
je restais
tu restais
il restait
nous restions
vous restiez
ils restaient

TIEMPO FUTURO
je resterai
tu resteras
il restera
nous resterons
vous resterez
ils resteront

Tenir (sostener, mantener)

TIEMPO
PRESENTE
je tiens
tu tiens
il tient
nous tenons
vous tenez
ils tiennent

PASADO
j'ai tenu
tu as tenu
il a tenu
nous avons tenu
vous avez tenu
ils ont tenu

L'IMPARFAIT
je tenais
tu tenais
il tenait
nous tenions
vous teniez
ils tenaient

TIEMPO
FUTURO
je tiendrai
tu tiendras
il tiendra
nous tiendrons
vous tiendrez
ils tiendront

Porter (llevar, llevar)

TIEMPO
PRESENTE
je porte
tu portes
il porte
nous portons
vous portez
ils portent

PASADO
j'ai porté
tu as porté
il a porté
nous avons porté
vous avez porté
ils ont porté

L'IMPARFAIT
je portais
tu portais
il portait
nous portions
vous portiez
ils portaient

TIEMPO
FUTURO
je porterai
tu porteras
il portera
nous porterons
vous porterez
ils porteront

Parler (hablar, hablar)

TIEMPO
PRESENTE
je parle
tu parles
il parle
nous parlons
vous parlez
ils parlent

PASADO
j'ai parlé He HABLADO
tu as parlé

He HABLADO

il a parlé
nous avons parlé
vous avez parlé
ils ont parlé

L'IMPARFAIT
je parlais HABLABA
tu parlais
il parlait
nous parlions
vous parliez
ils parlaient

TIEMPO
FUTURO
je parlerai HABLARÉ
tu parleras
il parlera
nous parlerons
vous parlerez
ils parleront

Montrer (mostrar, mostrar)

TIEMPO
PRESENTE
je montre
tu montres
il montre
nous montrons
vous montrez
ils montrent

PASADO
j'ai montré
tu as montré
il a montré
nous avons montré
vous avez montré
ils ont montré

L'IMPARFAIT
je montrais
tu montrais
il montrait
nous montrions
vous montriez
ils montraient

TIEMPO
FUTURO
je montrerai
tu montreras
il montrera
nous montrerons
vous montrerez
ils montreront

Continuer (continuar)

TIEMPO
PRESENTE
je continue
tu continues
il continue
nous continuons
vous continuez
ils continuent

PASADO
j'ai continué
tu as continué
il a continué
nous avons continué
vous avez continué
ils ont continué

L'IMPARFAIT
je continuais
tu continuais
il continuait
nous continuions
vous continuiez
ils continuaient

TIEMPO
FUTURO

je continuerai   nous   continuerez
tu continueras   continuerons   ils continueront
il continuera   vous

Penser (pensar)

TIEMPO   il a continué   vous continuiez
PRESENTE   nous avons   ils continuaient
je continue   continué
tu continues   vous avez   TIEMPO
il continue   continué   FUTURO
nous   ils ont continué   je continuerai
continuons   tu continueras
vous continuez   L'IMPARFAIT   il continuera
ils continuent   je continuais   nous
                     tu continuais   continuerons
PASADO   il continuait   vous
j'ai continué   nous   continuerez
tu as continué   continuions   ils continueront

Suivre (seguir, prestar atención)

TIEMPO   tu as suivi   vous suiviez
PRESENTE   il a suivi   ils suivaient
je suis   nous avons suivi
tu suis   vous avez suivi   TIEMPO
il suit   ils ont suivi   FUTURO
nous suivons   je suivrai
vous suivez   L'IMPARFAIT   tu suivras
ils suivent   je suivais   il suivra
                     tu suivais   nous suivrons
PASADO   il suivait   vous suivrez
j'ai suivi   nous suivions   ils suivront

Connaître (saber, estar familiarizado)

TIEMPO PRESENTE
je connais
tu connais
il connaît / ait
nous connaissons
vous connaissez
ils connaissent

PASADO
j'ai connu
tu as connu
il a connu
nous avons connu
vous avez connu
ils ont connu

L'IMPARFAIT
je connaissais
tu connaissais
il connaissait
nous connaissions

vous connaissiez
ils connaissaient

TIEMPO FUTURO
je connaissais
tu connaissais
il connaissait
nous connaissions
vous connaissiez
ils connaissaient

Croire (creer (en))

TIEMPO PRESENTE
je crois
tu crois
il croit
nous croyons
vous croyez
ils croient

PASADO
'ai cru
tu as cru
il a cru
nous avons cru
vous avez cru
ils ont cru

L'IMPARFAIT
je croyais
tu croyais
il croyait
nous croyions
vous croyiez
ils croyaient

TIEMPO FUTURO
je croirai
tu croiras
il croira
nous croirons
vous croirez
ils croiront

Commencer (comenzar, comenzar, comenzar)

TIEMPO PRESENTE
je commence
tu commences
il commence
nous
commençons
vous

commencez
ils commencent

PASADO
j'ai commencé
tu as commencé
il a commencé
nous avons commencé
vous avez commencé
ils ont commencé

L'IMPARFAIT
je commençais
tu commençais
il commençait
nous commencions
vous commenciez
ils commençaient

TIEMPO FUTURO

je commencerai
tu commenceras
il commencera
nous commencerons
vous commencerez
ils commenceront

Compter (para contar)

TIEMPO PRESENTE
je compte
tu comptes
il compte
nous comptons
vous comptez
ils comptent

PASADO
j'ai compté
tu as compté
il a compté
nous avons compté
vous avez compté
ils ont compté

L'IMPARFAIT
je comptais
tu comptais
il comptait
nous comptions
vous comptiez
ils comptaient

TIEMPO FUTURO
je compterai
tu compteras
il comptera
nous compterons
vous compterez
ils compteront

Entendre (escuchar, entender)

TIEMPO PRESENTE
j'entends
tu entends
il entend
nous entendons
vous entendez
ils entendent

PASADO
j'ai entendu
tu as entendu
il a entendu

Gramática Francesa - principiante / elemental

nous avons entendu
vous avez entendu
ils ont entendu

L'IMPARFAIT
j'entendais
tu entendais
il entendait
nous entendions
vous entendiez
ils entendaient

TIEMPO FUTURO
j'entendrai
tu entendras
il entendra
nous entendrons
vous entendrez
ils entendront

Attendre (esperar, esperar)

TIEMPO PRESENTE
j'attends
tu attends
il attend
nous attendons
vous attendez
ils attendent

PASADO
j'ai attendu
tu as attendu
il a attendu
nous avons attendu
vous avez attendu
ils ont attendu

L'IMPARFAIT
j'attendais
tu attendais
il attendait
nous attendions
vous attendiez
ils attendaient

TIEMPO FUTURO
j'attendrai
tu attendras
il attendra
nous attendrons
vous attendrez
ils attendront

Remettre (volver a poner (en), reemplazar, entregar)

TIEMPO PRESENTE
je remets
tu remets
il remet
nous remettons
vous remettez
ils remettent

PASADO
j'ai remis
tu as remis
il a remis
nous avons remis
vous avez remis
ils ont remis

L'IMPARFAIT
je remettais
tu remettais
il remettait
nous remettions
vous remettiez
ils remettaient

TIEMPO FUTURO

je remettrai
tu remettras
il remettra
nous remettrons
vous remettrez
ils remettront

Appeler (llamar, contactar)

TIEMPO PRESENTE
j'appelle
tu appelles
il appelle
nous appelons
vous appelez
ils appellent

PASADO
j'ai appelé
tu as appelé
il a appelé
nous avons appelé
vous avez appelé
ils ont appelé

L'IMPARFAIT
j'appelais
tu appelais
il appelait
nous appelions
vous appeliez
ils appelaient

TIEMPO FUTURO
j'appellerai
tu appelleras
il appellera
nous appellerons
vous appellerez
ils appelleront

Permettre (permitir, permitir, habilitar)

TIEMPO PRESENTE
je permets
tu permets
il permet
nous permettons
vous permettez
ils permettent

PASADO
j'ai permis
tu as permis
il a permis
nous avons permis
vous avez permis
ils ont permis

L'IMPARFAIT
je permettais
tu permettais
il permettait
nous permettions
vous permettiez
ils permettaient

TIEMPO FUTURO
je permettrai
tu permettras
il permettra
nous permettrons
vous permettrez
ils permettront

Gramática Francesa - principiante / elemental

Occuper (ocupar, ocupar (espacio / tiempo))

TIEMPO PRESENTE
j'occupe
tu occupes
il occupe
nous occupons
vous occupez
ils occupent

PASADO
j'ai occupé
tu as occupé
il a occupé
nous avons occupé
vous avez occupé
ils ont occupé

L'IMPARFAIT
j'occupais
tu occupais
il occupait
nous occupions

vous o[ccupiez]
ils occ[upaient]

TIEMPO FUTURO
j'occuperai
tu occuperas
il occupera
nous occuperons
vous occuperez
ils occuperont

Devenir (convertirse, crecer (entrar), girar (entrar))

TIEMPO PRESENTE
je deviens
tu deviens
il devient
nous devenons
vous devenez
ils deviennent

PASADO
je suis devenu
tu es devenu
il est devenu
nous sommes devenus
vous êtes devenus
ils sont devenus

L'IMPARFAIT
je devenais
tu devenais
il devenait
nous devenions

vous deveniez
ils devenaient

TIEMPO FUTURO
je deviendrai
tu deviendras
il deviendra
nous deviendrons
vous deviendrez
ils deviendront

Partir (irse, partir, proceder)

TIEMPO PRESENTE
je pars
tu pars
il part
nous partons
vous partez
ils partent

Gramática Francesa - principiante / elemental

PASADO	L'IMPARFAIT	TIEMPO FUTURO
je suis parti	je partais	je partirai
tu es parti	tu partais	tu partiras
il est parti	il partait	il partira
nous sommes partis	nous partions	nous partirons
vous êtes partis	vous partiez	vous partirez
ils sont partis	ils partaient	ils partiront

Décider (decidir, persuadir)

TIEMPO PRESENTE		
je décide	il a décidé	vous décidiez
tu décides	nous avons décidé	ils décidaient
il décide	vous avez décidé	
nous décidons	ils ont décidé	TIEMPO FUTURO
vous décidez		je déciderai
ils décident	L'IMPARFAIT	tu décideras
	je décidais	il décidera
PASADO	tu décidais	nous déciderons
j'ai décidé	il décidait	vous déciderez
tu as décidé	nous décidions	ils décideront

Arriver (llegar, pasar)

TIEMPO PRESENTE	PASADO	L'IMPARFAIT
j'arrive	je suis arrivé	j'arrivais
tu arrives	tu es arrivé	tu arrivais
il arrive	il est arrivé	il arrivait
nous arrivons	nous sommes arrivés	nous arrivions
vous arrivez	vous êtes arrivés	vous arriviez
ils arrivent	ils sont arrivés	ils arrivaient

TIEMPO FUTURO	tu arriveras	vous arriverez
j'arriverai	il arrivera	ils arriveront
	nous arriverons	

Servir (servir)

TIEMPO PRESENTE	tu as servi	vous serviez
je sers	il a servi	ils servaient
tu sers	nous avons servi	
il sert	vous avez servi	TIEMPO FUTURO
nous servons	ils ont servi	je servirai
vous servez		tu serviras
ils servent	L'IMPARFAIT	il servira
	je servais	nous servirons
	tu servais	vous servirez
PASADO	il servait	ils serviront
j'ai servi	nous servions	

Sembler (al parecer)

TIEMPO PRESENTE	il a semblé	vous sembliez
je semble	nous avons semblé	ils semblaient
tu sembles	vous avez semblé	TIEMPO FUTURO
il semble	ils ont semblé	je semblerai
nous semblons		tu sembleras
vous semblez	L'IMPARFAIT	il semblera
ils semblent	je semblais	nous semblerons
	tu semblais	vous semblerez
PASADO	il semblait	ils sembleront
j'ai semblé	nous semblions	
tu as semblé		

Revenir (regresar, volver)

TIEMPO PRESENTE	nous sommes revenus	vous reveniez
je reviens	vous êtes	ils revenaient
tu reviens	revenus	TIEMPO
il revient	ils sont revenus	FUTURO
nous revenons		je reviendrai
vous revenez	L'IMPARFAIT	tu reviendras
ils reviennent		il reviendra
	je revenais	nous
PASADO	tu revenais	reviendrons
je suis revenu	il revenait	vous reviendrez
tu es revenu	nous revenions	ils reviendront
il est revenu		

Laisser (dejar, permitir, dejar)

TIEMPO PRESENTE	il a laissé nous avons laissé	vous laissiez ils laissaient
je laisse		
tu laisses	vous avez laissé	TIEMPO
il laisse	ils ont laissé	FUTURO
nous laissons		je laisserai
vous laissez	L'IMPARFAIT	tu laisseras
ils laissent	je laissais	il laissera
	tu laissais	nous laisserons
PASADO	il laissait	vous laisserez
j'ai laissé	nous laissions	ils laisseront
tu as laissé		

Recevoir (recibir, recibir)

TIEMPO PRESENTE	il reçoit nous recevons	PASADO j'ai reçu
je reçois	vous recevez	tu as reçu
tu reçois	ils reçoivent	il a reçu

nous avons reçu
vous avez reçu
ils ont reçu

L'IMPARFAIT
je recevais
tu recevais
il recevait
nous recevions
vous receviez
ils recevaient

TIEMPO
FUTURO
je recevrai
tu recevras
il recevra
nous recevrons
vous recevrez
ils recevront

Répondre (responder, responder)

TIEMPO
PRESENTE
je réponds
tu réponds
il répond
nous répondons
vous répondez
ils répondent

PASADO
j'ai répondu
tu as répondu
il a répondu
nous avons répondu
vous avez répondu
ils ont répondu

L'IMPARFAIT
je répondais
tu répondais
il répondait
nous répondions
vous répondiez
ils répondaient

TIEMPO
FUTURO
je répondrai
tu répondras
il répondra
nous répondrons
vous répondrez
ils répondront

Vivre (vivir)

TIEMPO
PRESENTE
je vis
tu vis
il vit
nous vivons
vous vivez
ils vivent

PASADO
j'ai vécu
tu as vécu
il a vécu
nous avons vécu
vous avez vécu
ils ont vécu

L'IMPARFAIT
je vivais
tu vivais
il vivait
nous vivions
vous viviez
ils vivaient

TIEMPO
FUTURO
je vivrai

tu vivras
il vivra
nous vivrons

vous vivrez
ils vivront

Rappeler (llamar de nuevo, para recordar)

TIEMPO
PRESENTE
je rappelle
tu rappelles
il rappelle
nous rappelons
vous rappelez
ils rappellent

PASADO
j'ai rappelé
tu as rappelé

il a rappelé
nous avons rappelé
vous avez rappelé
ils ont rappelé

L'IMPARFAIT
je rappelais
tu rappelais
il rappelait
nous rappelions

vous rappeliez
ils rappelaient

TIEMPO
FUTURO
je rappellerai
tu rappelleras
il rappellera
nous rappellerons
vous rappellerez
ils rappelleront

Présenter (presentar, presentar)

TIEMPO
PRESENTE
je présente
tu présentes
il présente
nous présentons
vous présentez
ils présentent

PASADO
j'ai présenté
tu as présenté
il a présenté

nous avons présenté
vous avez présenté
ils ont présenté

L'IMPARFAIT
je présentais
tu présentais
il présentait
nous présentions

vous présentiez
ils présentaient

TIEMPO
FUTURO
je présenterai
tu présenteras
il présentera
nous présenterons
vous présenterez
ils présenteront

Accepter (aceptar)

TIEMPO PRESENTE
j'accepte
tu acceptes
il accepte
nous acceptons
vous acceptez
ils acceptent

PASADO
j'ai accepté
tu as accepté
il a accepté
nous avons accepté
vous avez accepté
ils ont accepté

L'IMPARFAIT
j'acceptais
tu acceptais
il acceptait
nous acceptions
vous acceptiez
ils acceptaient

TIEMPO FUTURO
j'accepterai
tu accepteras
il acceptera
nous accepterons
vous accepterez
ils accepteront

Agir (actuar)

TIEMPO PRESENTE
j'agis
tu agis
il agit
nous agissons
vous agissez
ils agissent

PASADO
j'ai agi
tu as agi
il a agi
nous avons agi
vous avez agi
ils ont agi

L'IMPARFAIT
j'agissais
tu agissais
il agissait
nous agissions
vous agissiez
ils agissaient

TIEMPO FUTURO
j'agirai
tu agiras
il agira
nous agirons
vous agirez
ils agiront

Poser (poner abajo, posar, poner (algo) abajo)

TIEMPO PRESENTE
je pose
tu poses
il pose
nous posons
vous posez
ils posent

PASADO	L'IMPARFAIT	TIEMPO FUTURO
j'ai posé	je posais	je poserai
tu as posé	tu posais	tu poseras
il a posé	il posait	il posera
nous avons posé	nous posions	nous poserons
vous avez posé	vous posiez	vous poserez
ils ont posé	ils posaient	ils poseront

Jouer (jugar, actuar, apostar)

TIEMPO PRESENTE		
je joue	tu as joué	vous jouiez
tu joues	il a joué	ils jouaient
il joue	nous avons joué	
nous jouons	vous avez joué	TIEMPO FUTURO
vous jouez	ils ont joué	je jouerai
ils jouent		tu joueras
	L'IMPARFAIT	il jouera
PASADO	je jouais	nous jouerons
j'ai joué	tu jouais	vous jouerez
	il jouait	ils joueront
	nous jouions	

Reconnaître (reconocer, reconocer)

TIEMPO PRESENTE	ils reconnaissent	reconnu
je reconnais		ils ont reconnu
tu reconnais	PASADO	
il reconnaît / ait	j'ai reconnu	L'IMPARFAIT
nous reconnaissons	tu as reconnu	je reconnaissais
vous reconnaissez	il a reconnu	tu reconnaissais
	nous avons reconnu	il reconnaissait
	vous avez	nous reconnaissions
		vous

reconnaissiez
ils reconnaissaient

TIEMPO FUTURO
je reconnaîtrai / ai
tu reconnaîtras / aitras
il reconnaîtra / aitra
nous reconnaîtrons / aitrons
vous reconnaîtrez / aitrez
ils reconnaîtront / aitront

Choisir (elegir, seleccionar)

TIEMPO PRESENTE
je choisis
tu choisis
il choisit
nous choisissons
vous choisissez
ils choisissent

PASADO
j'ai choisi
tu as choisi
il a choisi
nous avons choisi
vous avez choisi
ils ont choisi

L'IMPARFAIT
je choisissais
tu choisissais
il choisissait
nous choisissions
vous choisissiez
ils choisissaient

TIEMPO FUTURO
je choisirai
tu choisiras
il choisira
nous choisirons
vous choisirez
ils choisiront

Toucher (tocar, sentir, afectar)

TIEMPO PRESENTE
je touche
tu touches
il touche
nous touchons
vous touchez
ils touchent

PASADO
j'ai touché
tu as touché
il a touché
nous avons touché
vous avez touché
ils ont touché

L'IMPARFAIT
je touchais
tu touchais
il touchait
nous touchions
vous touchiez
ils touchaient

TIEMPO
FUTURO
je toucherai

tu toucheras
il touchera
nous toucherons

vous toucherez
ils toucheront

Aimer (amar)

TIEMPO
PRESENTE
j'aime
tu aimes
il aime
nous aimons
vous aimez
ils aiment

PASADO
j'ai aimé

tu as aimé
il a aimé
nous avons aimé
vous avez aimé
ils ont aimé

L'IMPARFAIT
j'aimais
tu aimais
il aimait
nous aimions

vous aimiez
ils aimaient

TIEMPO
FUTURO
j'aimerai
tu aimeras
il aimera
nous aimerons
vous aimerez
ils aimeront

Retrouver (para encontrar, para recuperar, para reunirse)

TIEMPO
PRESENTE
je retrouve
tu retrouves
il retrouve
nous retrouvons
vous retrouvez
ils retrouvent

PASADO
j'ai retrouvé
tu as retrouvé
il a retrouvé

nous avons retrouvé
vous avez retrouvé
ils ont retrouvé

L'IMPARFAIT
je retrouvais
tu retrouvais
il retrouvait
nous retrouvions

vous retrouviez
ils retrouvaient

TIEMPO
FUTURO
je retrouverai
tu retrouveras
il retrouvera
nous retrouverons
vous retrouverez
ils retrouveront

Perdre (perder, perder)

TIEMPO PRESENTE
je perds
tu perds
il perd
nous perdons
vous perdez
ils perdent

PASADO
j'ai perdu
tu as perdu
il a perdu
nous avons perdu
vous avez perdu
ils ont perdu

L'IMPARFAIT
je perdais
tu perdais
il perdait
nous perdions
vous perdiez
ils perdaient

TIEMPO FUTURO
je perdrai
tu perdras
il perdra
nous perdrons
vous perdrez
ils perdront

Expliquer (para explicar)

TIEMPO PRESENTE
j'explique
tu expliques
il explique
nous expliquons
vous expliquez
ils expliquent

PASADO
j'ai expliqué
tu as expliqué
il a expliqué
nous avons expliqué
vous avez expliqué
ils ont expliqué

L'IMPARFAIT
j'expliquais
tu expliquais
il expliquait
nous expliquions
vous expliquiez
ils expliquaient

TIEMPO FUTURO
j'expliquerai
tu expliqueras
il expliquera
nous expliquerons
vous expliquerez
ils expliqueront

Considérer (considerar)

TIEMPO PRESENTE
je considère
tu considères
il considère
nous

considérons
vous considérez
ils considèrent

PASADO
j'ai considéré
tu as considéré
il a considéré
nous avons considéré
vous avez considéré
ils ont considéré

L'IMPARFAIT
je considérais
tu considérais
il considérait
nous considérions
vous considériez
ils considéraient

TIEMPO FUTURO
je considérerai / èrerai
tu considéreras / èreras
il considérera / èrera
nous considérerons / èrerons
vous considérerez / èrerez
ils considéreront / èreront

Ouvrir (abrir (arriba))

TIEMPO PRESENTE
j'ouvre
tu ouvres
il ouvre
nous ouvrons
vous ouvrez
ils ouvrent

PASADO
j'ai ouvert
tu as ouvert
il a ouvert
nous avons ouvert
vous avez ouvert
ils ont ouvert

L'IMPARFAIT
j'ouvrais
tu ouvrais
il ouvrait
nous ouvrions
vous ouvriez
ils ouvraient

TIEMPO FUTURO
j'ouvrirai
tu ouvriras
il ouvrira
nous ouvrirons
vous ouvrirez
ils ouvriront

Gagner (ganar, ganar, ganar)

TIEMPO PRESENTE
je gagne
tu gagnes
il gagne
nous gagnons

vous gagnez
ils gagnent

PASADO
j'ai gagné
tu as gagné
il a gagné
nous avons gagné

vous avez gagné
ils ont gagné

L'IMPARFAIT
je gagnais
tu gagnais
il gagnait
nous gagnions
vous gagniez
ils gagnaient

TIEMPO FUTURO
je gagnerai
tu gagneras
il gagnera
nous gagnerons
vous gagnerez
ils gagneront

Exister (existir)

TIEMPO PRESENTE
j'existe
tu existes
il existe
nous existons
vous existez
ils existent

PASADO
j'ai existé
tu as existé
il a existé
nous avons existé
vous avez existé
ils ont existé

L'IMPARFAIT
j'existais
tu existais
il existait
nous existions
vous existiez
ils existaient

TIEMPO FUTURO
j'existerai
tu existeras
il existera
nous existerons
vous existerez
ils existeront

Refuser (rechazar)

TIEMPO PRESENTE
je refuse
tu refuses
il refuse
nous refusons
vous refusez
ils refusent

PASADO
j'ai refusé
tu as refusé
il a refusé
nous avons refusé
vous avez refusé
ils ont refusé

L'IMPARFAIT
je refusais

tu refusais
il refusait
nous refusions
vous refusiez
ils refusaient

TIEMPO
FUTURO
je refuserai
tu refuseras
il refusera

nous refuserons
vous refuserez
ils refuseront

Lire (leer)

TIEMPO
PRESENTE
je lis
tu lis
il lit
nous lisons
vous lisez
ils lisent

PASADO
j'ai lu

tu as lu
il a lu
nous avons lu
vous avez lu
ils ont lu

L'IMPARFAIT
je lisais
tu lisais
il lisait
nous lisions

vous lisiez
ils lisaient

TIEMPO
FUTURO
je lirai
tu liras
il lira
nous lirons
vous lirez
ils liront

Réussir (para triunfar)

TIEMPO
PRESENTE
je réussis
tu réussis
il réussit
nous réussissons
vous réussissez
ils réussissent

PASADO
j'ai réussi

tu as réussi
il a réussi
nous avons réussi
vous avez réussi
ils ont réussi

L'IMPARFAIT
je réussissais
tu réussissais
il réussissait
nous

réussissions
vous réussissiez
ils réussissaient

TIEMPO
FUTURO
je réussirai
tu réussiras
il réussira
nous réussirons
vous réussirez
ils réussiront

Changer (cambiar, alterar)

TIEMPO PRESENTE
je change
tu changes
il change
nous changeons
vous changez
ils changent

PASADO
j'ai changé
tu as changé
il a changé
nous avons changé
vous avez changé
ils ont changé

L'IMPARFAIT
je changeais
tu changeais
il changeait
nous changions
vous changiez
ils changeaient

TIEMPO FUTURO
je changerai
tu changeras
il changera
nous changerons
vous changerez
ils changeront

Travailler (trabajar)

TIEMPO PRESENTE
je travaille
tu travailles
il travaille
nous travaillons
vous travaillez
ils travaillent

PASADO
j'ai travaillé
tu as travaillé
il a travaillé

nous avons travaillé
vous avez travaillé
ils ont travaillé

L'IMPARFAIT
je travaillais
tu travaillais
il travaillait
nous travaillions
vous travailliez
ils travaillaient

TIEMPO FUTURO
je travaillerai
tu travailleras
il travaillera
nous travaillerons
vous travaillerez
ils travailleront

Représenter (representar, representar, retratar)

TIEMPO PRESENTE		
je représente	nous avons représenté	ils représentaient
tu représentes	vous avez représenté	
il représente	ils ont représenté	**TIEMPO FUTURO**
nous représentons		je représenterai
vous représentez	**L'IMPARFAIT**	tu représenteras
ils représentent	je représentais	il représentera
	tu représentais	nous représenterons
PASADO	il représentait	vous représenterez
j'ai représenté	nous représentions	ils représenteront
tu as représenté	vous représentiez	
il a représenté		

Assurer (asegurar, asegurar)

TIEMPO PRESENTE	il a assuré	vous assuriez
j'assure	nous avons assuré	ils assuraient
tu assures	vous avez assuré	
il assure	ils ont assuré	**TIEMPO FUTURO**
nous assurons		j'assurerai
vous assurez	**L'IMPARFAIT**	tu assureras
ils assurent	j'assurais	il assurera
	tu assurais	nous assurerons
PASADO	il assurait	vous assurerez
j'ai assuré	nous assurions	ils assureront
tu as assuré		

Essayer (intentar, intentar)

TIEMPO PRESENTE	j'essaie / ye	il essaie / ye
	tu essaies / yes	nous essayons

vous essayez
ils essaient / yent

PASADO
j'ai essayé
tu as essayé
il a essayé
nous avons essayé
vous avez essayé
ils ont essayé

L'IMPARFAIT
j'essayais
tu essayais
il essayait
nous essayions
vous essayiez
ils essayaient

TIEMPO FUTURO
j'essaierai / yerai
tu essaieras / yeras
il essaiera / yera
nous essaierons / yerons
vous essaierez / yerez
ils essaieront / yeront

Empêcher (para prevenir, parar)

TIEMPO PRESENTE
j'empêche
tu empêches
il empêche
nous empêchons
vous empêchez
ils empêchent

PASADO
j'ai empêché
tu as empêché
il a empêché
nous avons empêché
vous avez empêché
ils ont empêché

L'IMPARFAIT
j'empêchais
tu empêchais
il empêchait
nous empêchions
vous empêchiez
ils empêchaient

TIEMPO FUTURO
j'empêcherai
tu empêcheras
il empêchera
nous empêcherons
vous empêcherez
ils empêcheront

Sortir (salir, salir, salir, salir)

TIEMPO PRESENTE
je sors
tu sors
il sort
nous sortons
vous sortez
ils sortent

PASADO	L'IMPARFAIT	TIEMPO FUTURO
j'ai sorti	je sortais	je sortirai
tu as sorti	tu sortais	tu sortiras
il a sorti	il sortait	il sortira
nous avons sorti	nous sortions	nous sortirons
vous avez sorti	vous sortiez	vous sortirez
ils ont sorti	ils sortaient	ils sortiront

Reprendre (reanudar, recuperar, recuperar)

TIEMPO PRESENTE		
je reprends	il a repris	vous repreniez
tu reprends	nous avons repris	ils reprenaient
il reprend	vous avez repris	
nous reprenons	ils ont repris	TIEMPO FUTURO
vous reprenez		je reprendrai
ils reprennent	L'IMPARFAIT	tu reprendras
	je reprenais	il reprendra
PASADO	tu reprenais	nous reprendrons
j'ai repris	il reprenait	vous reprendrez
tu as repris	nous reprenions	ils reprendront

Mener (dirigir, conducir)

TIEMPO PRESENTE		
je mène	vous menez	il a mené
tu mènes	ils mènent	nous avons mené
il mène		vous avez mené
nous menons	PASADO	ils ont mené
	j'ai mené	
	tu as mené	

L'IMPARFAIT
je menais
tu menais
il menait
nous menons
vous meniez
ils menaient

TIEMPO FUTURO
je mènerai
tu mèneras
il mènera
nous mènerons
vous mènerez
ils mèneront

Appartenir (pertenecer)

TIEMPO PRESENTE
j'appartiens
tu appartiens
il appartient
nous appartenons
vous appartenez
ils appartiennent

PASADO
j'ai appartenu
tu as appartenu
il a appartenu
nous avons appartenu
vous avez appartenu
ils ont appartenu

L'IMPARFAIT
j'appartenais
tu appartenais
il appartenait
nous appartenions
vous apparteniez
ils appartenaient

TIEMPO FUTURO
j'appartiendrai
tu appartiendras
il appartiendra
nous appartiendrons
vous appartiendrez
ils appartiendront

Risquer (arriesgar)

TIEMPO PRESENTE
je risque
tu risques
il risque
nous risquons
vous risquez
ils risquent

PASADO
j'ai risqué
tu as risqué
il a risqué
nous avons risqué
vous avez risqué
ils ont risqué

L'IMPARFAIT
je risquais
tu risquais
il risquait
nous risquions
vous risquiez
ils risquaient

TIEMPO
FUTURO
je risquerai

tu risqueras
il risquera
nous risquerons

vous risquerez
ils risqueront

Concerner (preocuparse, afectar)

TIEMPO
PRESENTE
je concerne
tu concernes
il concerne
nous concernons
vous concernez
ils concernent

PASADO
j'ai concerné
tu as concerné

il a concerné
nous avons concerné
vous avez concerné
ils ont concerné

L'IMPARFAIT
je concernais
tu concernais
il concernait
nous concernions

vous concerniez
ils concernaient

TIEMPO
FUTURO
je concernerai
tu concerneras
il concernera
nous concernerons
vous concernerez
ils concerneront

Apprendre (aprender, enseñar, escuchar de)

TIEMPO
PRESENTE
j'apprends
tu apprends
il apprend
nous apprenons
vous apprenez
ils apprennent

PASADO
j'ai appris
tu as appris

il a appris
nous avons appris
vous avez appris
ils ont appris

L'IMPARFAIT
j'apprenais
tu apprenais
il apprenait
nous apprenions

vous appreniez
ils apprenaient

TIEMPO
FUTURO
j'apprendrai
tu apprendras
il apprendra
nous apprendrons
vous apprendrez
ils apprendront

Rencontrer (encontrarse, encontrar)

TIEMPO PRESENTE
je rencontre
tu rencontres
il rencontre
nous rencontrons
vous rencontrez
ils rencontrent

PASADO
j'ai rencontré
tu as rencontré
il a rencontré
nous avons rencontré
vous avez rencontré
ils ont rencontré

L'IMPARFAIT
je rencontrais
tu rencontrais
il rencontrait
nous rencontrions
vous rencontriez
ils rencontraient

TIEMPO FUTURO
je rencontrerai
tu rencontreras
il rencontrera
nous rencontrerons
vous rencontrerez
ils rencontreront

Créer (crear, construir)

TIEMPO PRESENTE
je crée
tu crées
il crée
nous créons
vous créez
ils créent

PASADO
j'ai créé
tu as créé
il a créé
nous avons créé
vous avez créé
ils ont créé

L'IMPARFAIT
je créais
tu créais
il créait
nous créions
vous créiez
ils créaient

TIEMPO FUTURO
je créerai
tu créeras
il créera
nous créerons
vous créerez
ils créeront

Obtenir (para obtener, para obtener)

TIEMPO PRESENTE	il a obtenu	vous obteniez
j'obtiens	nous avons obtenu	ils obtenaient
tu obtiens	vous avez obtenu	TIEMPO FUTURO
il obtient	ils ont obtenu	j'obtiendrai
nous obtenons		tu obtiendras
vous obtenez	L'IMPARFAIT	il obtiendra
ils obtiennent	j'obtenais	nous obtiendrons
PASADO	tu obtenais	vous obtiendrez
j'ai obtenu	il obtenait	ils obtiendront
tu as obtenu	nous obtenions	

Chercher (buscar, buscar, buscar)

TIEMPO PRESENTE	il a cherché	vous cherchiez
je cherche	nous avons cherché	ils cherchaient
tu cherches	vous avez cherché	TIEMPO FUTURO
il cherche	ils ont cherché	je chercherai
nous cherchons		tu chercheras
vous cherchez	L'IMPARFAIT	il cherchera
ils cherchent	je cherchais	nous chercherons
PASADO	tu cherchais	vous chercherez
j'ai cherché	il cherchait	ils chercheront
tu as cherché	nous cherchions	

Entrer (entrar, entrar)

TIEMPO PRESENTE	tu entres	vous entrez
j'entre	il entre	ils entrent
	nous entrons	

PASADO	L'IMPARFAIT	TIEMPO FUTURO
je suis entré	j'entrais	j'entrerai
tu es entré	tu entrais	tu entreras
il est entré	il entrait	il entrera
nous sommes entrés	nous entrions	nous entrerons
vous êtes entrés	vous entriez	vous entrerez
ils sont entrés	ils entraient	ils entreront

Proposer (sugerir, proponer, ofrecer)

TIEMPO PRESENTE		
je propose	il a proposé	vous proposiez
tu proposes	nous avons proposé	ils proposaient
il propose	vous avez proposé	
nous proposons	ils ont proposé	TIEMPO FUTURO
vous proposez		je proposerai
ils proposent	L'IMPARFAIT	tu proposeras
	je proposais	il proposera
PASADO	tu proposais	nous proposerons
j'ai proposé	il proposait	vous proposerez
tu as proposé	nous proposions	ils proposeront

Apporter (traer, causar)

TIEMPO PRESENTE	PASADO	
j'apporte	j'ai apporté	apporté
tu apportes	tu as apporté	ils ont apporté
il apporte	il a apporté	L'IMPARFAIT
nous apportons	nous avons apporté	j'apportais
vous apportez	vous avez	tu apportais
ils apportent		il apportait
		nous apportions

vous apportiez
ils apportaient

TIEMPO FUTURO

j'apporterai
tu apporteras
il apportera
nous apporterons

vous apporterez
ils apporteront

Utiliser (usar, emplear)

TIEMPO PRESENTE

j'utilise
tu utilises
il utilise
nous utilisons
vous utilisez
ils utilisent

PASADO

j'ai utilisé
tu as utilisé

il a utilisé
nous avons utilisé
vous avez utilisé
ils ont utilisé

L'IMPARFAIT

j'utilisais
tu utilisais
il utilisait
nous utilisions

vous utilisiez
ils utilisaient

TIEMPO FUTURO

j'utiliserai
tu utiliseras
il utilisera
nous utiliserons
vous utiliserez
ils utiliseront

Atteindre (alcanzar, alcanzar, lograr)

TIEMPO PRESENTE

j'atteins
tu atteins
il atteint
nous atteignons
vous atteignez
ils atteignent

PASADO

j'ai atteint
tu as atteint

il a atteint
nous avons atteint
vous avez atteint
ils ont atteint

L'IMPARFAIT

j'atteignais
tu atteignais
il atteignait
nous atteignions

vous atteigniez
ils atteignaient

TIEMPO FUTURO

j'atteindrai
tu atteindras
il atteindra
nous atteindrons
vous atteindrez
ils atteindront

Tenter (para tentar)

TIEMPO PRESENTE
je tente
tu tentes
il tente
nous tentons
vous tentez
ils tentent

PASADO
j'ai tenté
tu as tenté
il a tenté
nous avons tenté
vous avez tenté
ils ont tenté

L'IMPARFAIT
je tentais
tu tentais
il tentait
nous tentions
vous tentiez
ils tentaient

TIEMPO FUTURO
je tenterai
tu tenteras
il tentera
nous tenterons
vous tenterez
ils tenteront

Importer (importar, importar)

TIEMPO PRESENTE
j'importe
tu importes
il importe
nous importons
vous importez
ils importent

PASADO
j'ai importé
tu as importé
il a importé
nous avons importé
vous avez importé
ils ont importé

L'IMPARFAIT
j'importais
tu importais
il importait
nous importions
vous importiez
ils importaient

TIEMPO FUTURO
j'importerai
tu importeras
il importera
nous importerons
vous importerez
ils importeront

Ajouter (agregar)

TIEMPO PRESENTE
j'ajoute
tu ajoutes
il ajoute
nous ajoutons

vous ajoutez
ils ajoutent

PASADO
j'ai ajouté
tu as ajouté
il a ajouté
nous avons ajouté

vous avez ajouté
ils ont ajouté

L'IMPARFAIT
j'ajoutais
tu ajoutais
il ajoutait
nous ajoutions
vous ajoutiez
ils ajoutaient

TIEMPO FUTURO
j'ajouterai
tu ajouteras
il ajoutera
nous ajouterons
vous ajouterez
ils ajouteront

Produire (para producir)

TIEMPO PRESENTE
je produis
tu produis
il produit
nous produisons
vous produisez
ils produisent

PASADO
j'ai produit
tu as produit

il a produit
nous avons produit
vous avez produit
ils ont produit

L'IMPARFAIT
je produisais
tu produisais
il produisait
nous produisions
vous produisiez
ils produisaient

TIEMPO FUTURO
je produirai
tu produiras
il produira
nous produirons
vous produirez
ils produiront

Préparer (prepararse (algo), hacer)

TIEMPO PRESENTE
je prépare
tu prépares
il prépare
nous préparons

vous préparez
ils préparent

PASADO
j'ai préparé
tu as préparé
il a préparé

nous avons préparé
vous avez préparé
ils ont préparé

L'IMPARFAIT
je préparais
tu préparais
il préparait
nous préparions
vous prépariez
ils préparaient

TIEMPO
FUTURO
je préparerai
tu prépareras
il préparera
nous préparerons
vous préparerez
ils prépareront

Relever (levantar, levantar, recoger)

TIEMPO
PRESENTE
je relève
tu relèves
il relève
nous relevons
vous relevez
ils relèvent

PASADO
j'ai relevé
tu as relevé
il a relevé
nous avons relevé
vous avez relevé
ils ont relevé

L'IMPARFAIT
je relevais
tu relevais
il relevait
nous relevions
vous releviez
ils relevaient

TIEMPO
FUTURO
je relèverai
tu relèveras
il relèvera
nous relèverons
vous relèverez
ils relèveront

Écrire (escribir)

TIEMPO
PRESENTE
j'écris
tu écris
il écrit
nous écrivons
vous écrivez
ils écrivent

PASADO
j'ai écrit
tu as écrit
il a écrit
nous avons écrit
vous avez écrit
ils ont écrit

L'IMPARFAIT
j'écrivais
tu écrivais
il écrivait
nous écrivions
vous écriviez
ils écrivaient

TIEMPO
FUTURO
j'écrirai
tu écriras
il écrira
nous écrirons
vous écrirez
ils écriront

Défendre (defender, defender, prohibir)

TIEMPO PRESENTE		
je défends	il a défendu	nous défendions
tu défends	nous avons défendu	vous défendiez
il défend	vous avez défendu	ils défendaient
nous défendons	ils ont défendu	
vous défendez		TIEMPO FUTURO
ils défendent	L'IMPARFAIT	je défendrai
		tu défendras
PASADO	je défendais	il défendra
j'ai défendu	tu défendais	nous défendrons
tu as défendu	il défendait	vous défendrez
		ils défendront

Tirer (tirar, dibujar (cortinas, espada), disparar (una pistola), imprimir)

TIEMPO PRESENTE
je tire
tu tires
il tire
nous tirons
vous tirez
ils tirent

PASADO
j'ai tiré
tu as tiré
il a tiré
nous avons tiré
vous avez tiré
ils ont tiré

L'IMPARFAIT
je tirais
tu tirais
il tirait
nous tirions
vous tiriez
ils tiraient

TIEMPO FUTURO
je tirerai
tu tireras
il tirera
nous tirerons
vous tirerez
ils tireront

RESPUESTAS

Día 01 – Presentándote

Presentándote
1. Bonjour, **je suis** Thomas. (Hola, **soy** Thomas.)
2. Bonjour, **je suis** Marina. (Hola, **soy** Marina.)
3. **Êtes-vous** James ? (¿**Eres** James?)
4. Non, **je suis** Jeff. (No, **soy** Jeff.)

Nacionalidad
1. Bonjour Jeff, **vous êtes Canadien** ? (Hola Jeff, ¿**eres canadiense?**)
2. No, **je suis Français**. (No, **soy francés**.)
3. Bonjour Emma, **vous êtes Canadienne** ? (Holla Emma, ¿**eres canadiense?**)
4. Oui, **je suis Canadienne**. (Sí, **soy canadiense**.)

Profesión
1. Bonjour Emma, **vous êtes professeur de français** ? Hola Emma, ¿Eres profesora de francés?)
2. Oui, **je suis professeur de français**. (Sí, **soy profesora de francés**.)
3. Et Jeff, **vous êtes banquier** ? (Y Jeff, ¿**Eres banquero?**)
4. Non, **je ne suis pas banquier. Je suis pilot**. (No, **no soy banquero. Yo soy piloto**.)

Día 02 – Describiendo personas (singular)

Describiendo personas
1. Jeff **est** étudiant. (Jeff **es un** estudiante.)
2. **Il est** Français. (**Él es** francés.)
3. **Il est** grand. (**Él es** alto.)
4. **Il est** brun. (**Él es** de pelo castaño.)
5. Emma **est** étudiante. (Emma **es una** estudiante.)
6. **Elle est** grande. (**Ella es** alta.)

Masculino y femenino
1. Jeff est **grand**. (Jeff es **alto**.)
2. Emma est **grande**. (Emma es **alta**.)
3. Il est **fascinant**. (He is **fascinating**.)

4. Elle est **fascinante**. (Ella es **fascinante**.)
5. Il est **marié**. (Él es **casado**.)
6. Elle est **mariée**. (Ella es **casada**.)
7. Il est **jeune**. (Él es **joven**.)
8. Elle est **jeune**. (Ella es **joven**.)
9. Il est **Indien**. (Él es **Indio**.)
10. Elle est **Indienne**. (Ella es **India**.)

Día 03 – Describiendo personas (plural)

Describiendo personas (plural)
2. Ils **sont** Français. (Ellos **son** franceses.)
3. Ils **sont** gran**ds**. (Ellos **son** altos. *Plural masculino)*
4. Elles **sont** gran**des**. (Ellas **son** altas. *Plural femenino)*
5. Ils **sont** bruns. (Ellos **son** de pelo castaño. *Plural masculino)*
6. Emma et Nathalie **sont** étudian**tes**. (Emma y Nathalie **son** estudiantes.)
7. Elles **sont** fascinan**tes**. (Ellas **son** fascinantes.)

Plural y singular
2. Jeff et Arthur **sont grands**. (Jeff y Arthur **son altas**.)
3. Il est **fascinant**. (Él es **fascinante**.)
4. Jeff et Emma **sont fascinants**. (Jeff y Emma **son fascinantes**.)
5. Emma et Nathalie **sont** fascinan**tes**. (Emma y Nathalie **son** fascinantes.)
6. Jeff et Arthur **sont** fascinan**ts**. (Jeff y Arthur **son** fascinantes.)
7. Ils **sont jeunes**. (Ellos **son** jovenes.)

Día 04 – Más sobre palabras masculinas y femeninas comúnes

Palabras que terminan en -er

2. Il est étrang**er**. / Elle est étrang**ère**. (Él es un extranjero. / Ella es una extranjera.)
3. Il est infirmi**er**. / Elle est infirmi**ère**. (Él es un enfermero/ Ella es una enfermera.)
4. Il est boulang**er**. / Elle est boulang**ère**. (Él es un panadero. / Ella es una panadera.)

5. Il est magasinier. / Elle est magasinière. (Él es un tendero. / Ella es una tendera.)

Palabras que terminan en -eur
2. Il est menteur. Elle est menteuse. (Él es un mentiroso. / Ella es una mentirosa.)
3. Il est serveur. / Elle est serveuse. (Él es un mesero. / Ella es una mesera.)
4. Jeff est heureux. / Emma est heureuse. (Jeff es feliz. / Emma es feliz.)

Algunas profesiones que terminan en -teur
2. Il est agriculteur. / Elle est agricultrice. (El es un granjero. / Ella es una granjera.)
3. Il est producteur. / Elle est productrice. (Él es un productor. / Ella es una productora.)
4. Il est acteur. / Elle est actrice. (Él es un actor. / Ella es una actriz.)
5. Il est chanteur. / Elle est chanteuse. (Él es un cantante. Ella es una cantante.)

Terminaciones de adjetivos irregulares
2. Il est blanc. / Elle est blanche. (Él es blanco. / Ella es blanca.)
3. Il est gentil. / Elle est gentille. (Él es gentil. / Ella es gentil.)
4. Il est beau. / Elle est belle. (Él es apuesto. / Ella es hermosa.)
5. Il est vieux. / Elle est vieille. (Él es viejo. / Ella es vieja.)

Día 05 – *Verbo importante Yo soy:* **el verbo** *ser/estar:* **Je suis ... (Yo soy ...), vous êtes ... (usted es...)**

Verbo ser/estar: être, conjugado
2. Tu **es** Emma. (Tu **eres** Emma.)
3. Il **est** Jeff. (Él **es** Jeff.)
4. Elle **est** Emma. (Ella **es** Emma.)
5. On **est** gentils. (Nosotros **somos** gentiles. *Nosotros informal*)
6. Nous **sommes** grands. (Nosotros **somos** altos.)
7. Vous **êtes** grand. (Usted **es** alto.)
8. Vous **êtes** gentils. (Ustedes **son** gentiles.)
9. Ils **sont** gentils. . (Ellos **son** gentiles. *Dos o mas masculinos ó*

masculinos y femeninos mezclados)
10. Elles **sont** gentilles. (Ellas **son** gentiles. *Dos o más femeninos)*

Día 06 – Verbos que terminan en–er (1): parler (hablar), etc

Verbos que terminan en -er (1)

A.
2. Il regard**e** la télé. (Él está mirando TV.)
3. Nous regard**ons** la télé. (Nosotros estamos mirando TV.)
4. Vous regard**ez** la télé. (Usted está mirando TV.)
5. Tu parl**es**. (Tú estas hablando.)
6. Je téléphon**e** ma mère. (Yo estoy llamando a mi madre.)
7. Nous téléphon**ons** nos parents. (Nosotros estamos llamando a nuestros padres.)
8. Elles mang**ent** du yaourt. (Ellas estan comiendo yogurt.)

B.
2. Elle téléphon**e** à sa mère. (Ella está llamando a su madre.)
3. Vous regard**ez** une série télé. (Usted está viendo una serie de TV.)
4. Je travaill**e**. (Yo estoy trabajando.)
5. Ils travaill**ent**. (Ellos están trabajando.)
6. Elle mang**e**. (Ella está comiendo.)
7. Il habit**e** à Paris. (Él vive en Paris.)
8. Tu regar**es** la télé. (Tú estas viendo TV.)

Día 07 – Verbos que terminan en –er (2): verbos reflexivos

Verbos que terminan en -er (2), verbos reflexivos
2. Tu **te** lèves à quelle heure ? (¿Tu **te levantas** a que hora?)
3. Nous **nous** regardons. (Nos miramos el **uno al otro**.)
4. Jeff **se** regarde à la télé. (Jeff esta viendose **a si mismo** en TV. *Es un video actuado por el mismo, asi que él esta en el video.)*
5. Tu **te** parles. (Tu estas hablando contigo **mismo**)
6. Vous **vous** levez à quelle heure ? (¿Usted **se levanta** a que hora?)
7. Quand je suis sale, je **me** lave. . (Cuando estoy sucio, me lavo **a mi mismo**.)

Dia 08 – Verbos que terminan en –er (3): casos especiales

verbos que terminan en -er (3): Casos especiales

Caso 1
2. Tu **jette**s. (Tu estas tirando)
3. Il **jette**. (Él esta tirando.)
4. Ils **jette**nt. (Ellos estan tirando.)
5. Nous **jeton**s. (Nosotros estamos tirando.)
6. Vous **jetez**. (Usted esta tirando)

Caso 2
2. Tu préf**ère**s. (Tu prefieres.)
3. Il préf**ère**. (Él prefiere.)
4. Ils préf**ère**nt. (Ellos prefieren.)
5. Nous préf**érons**. (Nosotros preferimos)
6. Vous préf**érez**. (Usted prefiere)

Caso 3
Nous man**geons**. (Nosotros estamos comiendo)

Caso 4
Nous avan**çons**. (Nosotros estamos avanzando)
Nous commen**çons**. (Nosotros estamos comenzando.)

Caso 5
2. Tu envo**ies** un colis. (Tu estas enviando un paquete.)
3. Elle envo**ie** un colis. (Ella está enviando un paquete)
4. Elles envo**ient** un colis. (Ellas estan enviando un pasquete.)
5. Vous envo**yez** un colis. (Usted está enviando un paquete.)
6. Nous envo**yons** un colis. (Nosotros estamos enviando un paquete.

Dia 09 – Preguntas & Negacion (verb être)

Pregunta
2. **Parlez-vous** anglais ? ((¿Usted habla inglés?)
3. Vous parlez anglais ? (¿Usted habla inglés?)
4. **Est-ce que** Emma est sa sœur ? (¿Es Emma la hermana de él?)
5. **Est-elle** sa sœur ? (¿Es ella la hermana de él?)
6. Elle est sa sœur ? (¿Ella es la hermana de él?)

Negación

2. Non, il **n'**est **pas** Jeff. (No, él no es Jeff.)
3. Non, Emma **n'**est **pas** sa sœur. (No, Emma no es la hermana de él.)
4. Non, il **n'**est **pas** Japonais. (No, él no es japones.)
5. Non, elle **n'**est **pas** Française. (No, ella no es francesa.)

Día 10 – sustantivos y artículos: un homme (un hombre), une pomme (una manzana)

Sustantivos y artículos: un homme (un hombre)
A. Añada un artículo indefinido para cada uno de los siguientes sustantivos
1. **une** maison (una casa *femenino*)
2. **un** ordinateur (una computadora *masculino*)
3. **une** chaise (una silla *femenino*)
4. **un** téléphone (un teléfono *masculino*)
5. **un** arbre (un árbol *masculino*)
6. **une** fleur (una flor *femenino*)
7. **une** page (una página *femenino*)

B. Añada un artículo indefinido para cada uno de los siguientes sustantivos examinando sus terminaciones
1. **un** gouverne**ment** (un gobierno)
2. **une** déci**sion** (una desición)
3. **un** cout**eau** (un cuchillo)
4. **une** réali**té** (una realidad)
5. **un** donn**eur** (un donador)
6. **une** terr**eur** (un terror)
7. **un** mess**age** (un mensaje)
8. **une** pl**age** (una playa)

Día 11 – El plural de los sustantivos y los artículos: des hommes (hombres), des pommes (manzanas)

Los sustantivos plurales y artículos: des hommes (hombres), **des pommes** (manzanas)
Escriba el plural y el singular, como se muestra
2. Ce sont **des arbres**. (Estos *son árboles*.)
3. C'est **un homme**. (Es *un hombre*.)
4. Ce sont **des hommes**. (Estos *son hombres*.)

5. C'est **une femme**. (Es *una mujer*.)
6. Ce sont **des femmes**. (Estas son *mujeres*.)
7. La France est **un pays**. (Francia *es un país*.)
8. La France et les Pays-Bas sont **des pays**. (Francía y Paises Bajos son *países*.)

Día 12 – Artículos definidos e indefinidos: une maison (*una* casa), la maison (*la* casa)

Artículos definidos e indefinidos
Artículos indefinidos
2. **Un** arbre est **une** chose. (**Un** árbol es **una** cosa).
3. **Un** chat est **un** chat. (**Un** gato es **un** gato).
4. C'est **un** livre. (Es **un** libro).
5. **Un** arbre et **un** livre sont **des** objets. (**Un** árbol y **un** libro son objetos).
6. **Des** objets utiles (objetos útiles)

Artículos definidos
2. **la** sœur d'Emma (la hermana de Emma)
3. **les** frères et sœurs d'Emma (los hermanos y hermanas de Emma)
4. Ce sont **les** livres de Jeff. (Estos son los libros de Jeff).

Artículos definidos singular usados para la generalización
2. J'aime bien **la** musique. (Me gusta la música).
3. **Le** chien est un animal domestique. (El perro es un animal doméstico).

Día 13 – El posesivo: mon (mi), son (su)...

El posesivo singular: mon (mi), son (su)...
2. **Mon** père (**Mi** padre)
3. **Mon** vélo (**Mi** bicicleta)
4. **Ma** table (**Mi** mesa, *femenino*)
5. **Mon** frère (**Mi** hermano)
6. **Ma** maison (**Mi** casa)

The possessive plural: mes (mis), ses (sus)...
2. **Ses** parents (**Sus** padres)

3. **Mes** vélos (**Mis** bicicletas)
4. **Mes** tables (**Mis** mesas)
5. **Ses** frères (**Sus** hermanos)
6. **Leurs** maisons (**Sus** casas)

El _de_ posesivo (du père = del padre)
1. Les fenêtres ... ... maison (femenino). (Las ventanas de la casa).
– Les fenêtres **de la** maison.
2. le chapeau **du** père (el sombrero del padre)
3. la robe **de la** mère (el vestido de la madre)
3. l'amour **des** frères (el amor de los hermanos)
4. les vêtements **de l'**enfant

Día 14 – El demostrativo: ce livre (este libro), ces livres (estos libros)

Los adjetivos demostrativos (ce/cet/cette, *este/esta*, **ces,** *estos/estas*)
1. ... ... maison est grande. (Esta casa es grande). – **Cette** maison est grande.
2. **Ce** livre est rouge. (Este libro es rojo).
3. **Cet** ordinateur est neuf. (Esta computadora es nueva).
4. **Ces** ordinateurs sont neufs. (Estas computadoras son nuevas).
5. **Cette** femme est Emma. (Esta mujer es Emma).
6. **Cet** homme est Jeff. (Este hombre es Jeff).
7. **Cette** maison est rouge. (Esta casa es roja).
8. **Ces** maisons sont rouges. (Estas casas son rojas).
9. **Ce** matin je suis à la maison. (Esta mañana estoy en casa).
10. **Cet** après-midi tu es à la maison. (Esta tarde estás en casa).

Día 15 – *Verbos importantes II*: **el verbo** *tener*, **avoir: J'ai ... (yo tengo...), il a ... (él tiene...), 1ra parte**

El verbo *tener: avoir*
2. Jeff **a** une sœur. (Jeff tiene una hermana).
3. Il **a** une sœur. (Él tiene una hermana).
4. Emma **a** un frère. (Emma tiene un hermano).
5. Elle **a** un frère. (Ella tiene un hermano).
6. *A tu amigo*: Tu **as** une voiture. (Tú tienes un auto).

7. Nous **avons** des vélos. (Nosotros tenemos bicicletas).
8. Ils **ont** une sœur et un frère. (Ellos tienen una hermana y un hermano)
9. Vous **avez** une maison. (Ustedes tienen una casa).

Día 16 – El verbo tener, avoir, 2da parte

El verbo tener, avoir, 2da parte
Sensaciones
2. (Emma tiene dolor de espalda). *Emma **a** mal au dos.*
3. (Tengo frio). *J'**ai** froid.*
4. (Ella tiene sed). *Elle **a** soif.*
5. (Él tiene sueño/Él quiere dormir). *Il **a** sommeil.*
6. (Él quiere un helado). *Il **a** envie d'une glace.* (avoir envie de)
7. (Los niños le tienen miedo a los monstruos). *Des enfants **ont peur des** monstres.* (avoir peur de)

Edad
2. Di tu edad: (Tengo... ... ... años). *J'ai ... ... ans.*
3. (Ella tiene 30 años). *Elle **a** 30 ans.*
4. Pregúntale a alguien que edad tiene: *Quel age **avez-vous**?* (¿Cuántos años tienes? ¿Qué edad tienes?)

Día 17 – *Verbo importante III*: el verbo *ir*, aller: Je vais ... (Yo voy...), il va ... (él va...)

El verbo ir: aller
A. Une lo siguiente

au parc. (Yo/Tú/Él/Ellos, etc, van al parque.)

je
tu
il
elle
on
nous
vous
ils
elles

allez
vais
va
vont
va
allons
vas

B.

2. Vous **allez** à la maison. (Usted esta yendo a casa.)
3. Emma **va** au cinéma. (Emma está yendo al cine.)
4. Jeff et Emma **vont** au restaurant. (Jeff y Emma estan yendo al restaruante.)
5. Mes parents **vont** en vacances. (Mis padres se van de vacaciones.)
6. Le frère de Jeff **va** à la gare le lundi. (El hermano de Jeff va a la estación de tren todos los lunes.)

Día 18 – Pregunta & Negación (verb avoir, tener)

Pregunta & Negación (verbo *avoir*, tener)
Pregunta
2. **Est-ce que** j'**ai** sommeil ? / **Ai**-je sommeil ? / J'**ai** sommeil ? (¿Tengo yo sueño?)
3. **Est-ce que** vous **avez** soif ? / **Avez**-vous soif ? / Vous **avez** soif ? (¿Tú tienes sed?)
4. **Est-ce qu'**elle **a** un chat ? / **A**-t-elle un chat ? / Elle **a** un chat ? (¿Ella tiene un gato?)
5. **Est-ce qu'**ils **ont** froid ? / **Ont**-ils froid ? / Ils **ont** froid ? (¿Ellos tienen frío?)

Negación
2. Je **n'**ai **pas de** chat. (Yo no tengo un gato.)
2. Elle **n'**a **pas** le gaz. (Ella no tiene gas. *Ella usa electricidad en su casa, por ejemplo*)
3. Vous **n'**avez **pas de** cadeau. (Usted no tiene regalos.)
4. Bob Marley: **Pas de** femme, **pas de** cri. (No mujer, no llores.)
5. Ils **n'**ont **pas de** problème. (Ellos no tienen problemas.)

Día 19 – Números franceses (1), fechas, días de la semana

Números franceses (1)
2. **Six** personnes (seis personas)
3. **Deux** cafés, s'il vous plaît ! (*En un restaurant* Dos cafés, por favor.)
4. J'ai **trois** enfants. (Tengo tres hijos.)
5. Il mange **une** pomme. (Él se está comiendo una manzana. *pomme – femenino*)
6. Ella a **un** livre. (Ella tiene un libro. *livre - masculino*)

Fechas, días de la semana, partes del día

2. C'est **samedi**. (Es sabado.) *Ahora escribe la otra forma de decirlo:* **On est** samedi.
3. Diga: 3 de septiembre, **le trois** septembre
4. Diga: Cada lunes, **le lundi**
5. Diga: El próximo martes, **mardi**
6. ¿Como llamas al período en el que estas durmiendo? – **la nuit**.

Día 20 – Diciendo la hora, números franceces (2)

Telling the time
2. Son las 5:20. – **C'est cinq heures vingt.**
3. Son las 9:45. – **C'est dix heures moins <u>le</u> quart.**
4. Son las 7:45 pm. – (19:45) **C'est dix-neuf heures quarante-cinq.**
5. Son las 00:00. – **C'est minuit.**

Números franceces (2da parte)
Cardinales
2. Trece – (13) **Treize**
3. Cincuenta y cinco – (55) **Cinquante-cinq**
4. Noventa y dos – (92) **Quatre-vingt-douze**

Ordinales
5. El segundo – (*masculino*) **le deuxième**, (*femenino*) **la deuxième**

Día 21 – Ubicación: Je suis de New York (Yo soy de Nueva York), Je suis à Londres (Yo estoy en Londres.)

Ubicación: Je suis de New York. (Yo soy de Nueva York.)
De (De)
2. Elle est **de** Paris. (Ella es de Paris.)
3. Je suis **de** Rome. (Yo soy de Roma.)
4. Ils sont **d'**Inde. (Ellos son de India.)
5. Il est **de** New York et elle est **d'**Italie.

Près de (cerca)
6. Nous sommes **près de** la gare. (Nosotros estamos cerca de la estación de tren.)
7. La mer est **près d'**ici. (El mar está cerca de aquí.)

À (en ciudades o pueblos.)
2. Il est **à** New York.
3. Ils sont **à** New Delhi. (Ellos estan en Nueva Delhi.)
(con sustantivos femeninos)
4. Tu es **à la** plage. (Tú estas en la playa.)
5. Je suis **à la** maison. (Yo estoy en casa.)
(con sustantivos masculinos)
6. Il est **au** café. (Él está en la cafetería.)
7. Ils sont **au** parc. (Ellos están en el parque.)

Chez *(en la casa de alguien)*
2. Il est **chez** lui. (Él está en su lugar. / Él esta en su casa.)
3. Vous êtes **chez** vous. (Usted está en su lugar. / Usted está en su casa.)
4. Ils sont **chez** eux. (Ellos están en su lugar. / Ellos están en su casa.)
5. C'est tranquille **chez** nous. (Es calmado en nuestro lugar.)

Día 22 – Ubicación: ciudades vs. paises, à Paris (en Paris), en France (en Francia)

Unicación: ciudades vs. paises
Villes (ciudades)
2. Il habite **à** New York. (Él vive en Nueva York.)
3. Ils habitent **à** Tokyo. (Ellos viven en Tokio.)
4. La vie **en** rose. (La vida en rosa.) – canción cantada por Edith Piaf.

Pays (paises)
2. Genève est **en** Suisse. (Geneva es en Suiza.)
3. New York est **aux** États-Unis. (Nueva York es en los Estados Unidos.)
4. Mohammed est **en** Irak. (Mohammed está en Irak.)
5. Laura est **en** Italie. (Laura está en Italia.)

Día 23 – Ubicación: al/en/de; <u>au</u> cinéma. (<u>al</u> cine.) <u>du</u> cinéma. (<u>del</u> cine.)

Ubicación: a/en/de
(A)
2. J'ai envie d'aller **aux** magasins. (Quiero ir a las tiendas.)

3. Elle est **à la** plage. (Ella está en la playa.)
4. Mes parents sont **à la** maison. (Mis padres están en casa.)
5. Emma est **au** marché. (Emma está en el mercado.)
6. Jeff est **à la** bibliothèque. (Jeff está en la librería.)
7. Je suis **à la** librairie. (Yo estoy en la tienda de libros.)

(***De***)
2. On voit la maison **du** parc. (Nosotros vemos la casa desde el parque.)
3. C'est une lettre **de ma** sœur. (Es una carta de mi hermana.)
4. Une surprise **de** Jeff (una sorpresa de Jeff)
5. Une surprise **de mon** frère (una sorpresa de mi hermano)
6. Je reçois des appels **de mes** parents. (Yo recibo llamadas de mis padres.)
7. Je reçois des colis **des** États Unis d'Amérique. (Yo recibo paquetes de USA.)

Día 24 – Sur la table (sobre la mesa), sous la table (debajo de la mesa)...

Sous (debajo), **sur** (sobre), **dans** (en), **devant** (en frente de), **derrière** (detrás)
2. Le tapis est **sous** la table. (La alfombra está debajo de la mesa.)
3. Le chien est **dans** la maison. (El perro está en la casa.)
4. Jeff est **dans** la voiture. (Jeff está en el auto.)
5. Emma est **devant** la voiture. (Emma está en frente del auto.)
6. La maison est **derrière** la voiture. (La casa está detrás del auto.)
7. Je suis **dans** le train. (Yo estoy en el tren.)

Día 25 – Il y a ... (hay...)

Il y a ... (Hay...)
2. **Il y a** un livre sur la table. (Hay un libro sobre la mesa.)
3. **Il y a** des fleurs dans un vase. (Hay flores en un florero.)
4. **Qu'est-ce qu'il y a** ? / **Qu'y a-t-il** ? (¿Qué hay ahí?)
5. **Il y a** ton frère. (Ahí está tu hermano.)
6.
- **Y a-t-il** quelque chose ? (Is there something?)
- Non. **Il n'y a** rien. (No, no hay nada.)

Día 26 – C'est... / Il est... (Es...)

C'est... / Il est... (Es...) *singular*
2. **C'est** un sac. (Es un bolso.) **Il est** joli. (Es bonito.)
3. **C'est** un arbre. (Es un árbol.) **Il est** grand. (Es alto.)
4. **C'est** une femme. (Es una mujer.) **Elle est** jolie. (Es bonita.)
5. **C'est** un homme. (Es un hombre.) **Il est** beau. (Es apuesto.)

Ce sont... (Son...) *plural*
2. **Ce sont** un livre et une tasse de thé. (Son un libro y una taza de té.) **Ils sont** utiles. (Son útiles.)
3. **Ce sont** une tasse de thé et une maison. (Son una taza de té y una casa.) **Elles sont** des choses differentes. (Son cosas diferentes.)
4. **Ce sont** Jeff et Emma. (Son Jeff y Emma.) **Ils sont** amis. (Son amigos.)
5. **Ce sont** Emma et sa sœur. (Son Emma y su hermana.) **Elles sont** jolies. (Son bonitas.)

Día 27 – C'est... (es...) e Il/Elle est... (El/Ella es...), la diferencia

C'est... e **Il/Elle est...**, la diferencia
2. Une table (Una mesa), **c'est** utile (es útil).
3. Des tables (Las mesas), **c'est** utile (son útiles).
4. Ces tables (Estas mesas), **elles sont** utiles (son útiles).
5. Ce livre (Este libro), **il est** beau (es hermoso).
6. Un livre (Un libro), **c'est** utile (es útil).
7. Ces livres (Estos libros), **ils sont** utiles (son útiles).

C'est... (para comentar)
2. L'été (El verano), **c'est** chaud (es caluroso).
3. Un paon (Un pavoreal), **c'est** beau (es hermoso).
4. Une tomate (Un tomate), **c'est** rouge (es rojo).
5. Des tomates (Los tomates), **c'est** rouge (son rojos).

Día 28 – Describiendo el clima (+ meses, estaciones)

El clima, meses, estaciones
A
2. **Il fait** chaud. (Hace calor.)

3. **Il neige**. (Nieva. / Esta nevando.)
4. **Il pleut**. (Llueve. / Esta lloviendo.)
5. **Il fait** 15 degrés. (Hace 15 °C. = *59 °F*)

B
2. **En/Au mois de** décembre, **il** neige. (En diciembre, nieva.)
3. **En** été, **il** fait beau. (En verano, el clima es agradable.)
4. Quel temps **fait-il** ? (¿Cómo esta el clima?)
5. **Il** fait dix degrés. (Hace 10°C. = *32°F*)

Día 29 – ¿Qué es? / ¿Quién es?

Qu'est ce que c'est ? (¿Qué es?)/ **Qui est-ce ?** (¿Quién es?)
2. **Qui est-ce** ? – **C'est** Jeff. (Es Jeff.)
3. **Qui est-ce** ? – **C'est** une amie. (Es un amigo.)
4. **Qu'est ce que c'est** ? – **C'est** une boîte. (Es una caja.)
5. **Qui est-ce** ? – **C'est** Emma. (Es Emma.)
6. **Qui est-ce** ? – **C'est** la sœur d'Emma. (Es la hermana de Emma.)

Día 30 – Los partitivos en francés (du, de la, des)

Los partitivos (du, de la, des)
2. un bol de riz (un bol de arroz), le riz (el arroz), **du** riz (algo de arroz)
3. une tranche de fromage (una rebanada de queso), le fromage (el queso), **du** fromage (algo de queso)
4. une crème (una crema), la crème (la crema), **de la** crème (algo de crema)
5. des œufs (huevos), les œufs (los huevos), **des** œufs (algo de huevos)
6. des céréales (cereales), les céréales (los cereales), **des** céréales (algo de cereales)

Día 31 – Cantidad expresada y no expresada

Cantidad expresada y no expresada
2. C'est **quoi** ? (¿Qué es eso?) – C'est **de la** viande. (Es algo de carne.)
3. Il y a **combien** d'œufs ? (¿Cuántos huevos hay?) – Il y a une boîte d'œufs. (Hay una caja de huevos.)
4. C'est **quoi** ? (¿Qué es eso?) – C'est **des** œufs. (Son huevos.)
5. C'est **quoi** ? (¿Qué es eso?) – C'est **des** légumes ; un kilo **de** céleri,

trois kilos **de** navet, un demi kilo **de** chou, et un kilo **de** poivron. (Son vegetales: un kilo de celeri, tres kilos de nabos, medio kilo de repollo, y un kilo de pimientos.)

Día 32 – La comparación: Jeff est <u>plus</u> grand <u>que</u> Michel. (Jeff es más alto que Michel.)

La comparación
2. Michel est **moins** grand **que** Jeff. (Michel es mas bajo que Jeff.)
3. Emma est **aussi** grande **que** Michel. (Emma es tan alta como Michel.)
4. Michel est **aussi** grand **qu'**Emma. (Michel es tan alto como Emma.)
5. La voiture va vite. (El auto va rápido.) La voiture va **plus** vite **que** le vélo. (El auto va más rápido que la bicicleta.)
6. Le vélo va **moins** vite **que** la voiture. (La bicicleta va más lento que el auto.)
7. Emma est **plus** jolie **que** Nattalie. (Emma es mas hermosa que Nattalie.)
8. Jeff est **plus** beau **que** Michel. (Jeff es más apuesto que Michel.)

Irregulares (bueno = bon, *adjetivo,* bueno = bien, *adverbio*)
adjetivo
2. Il est **bon**. (Él es bueno.)
3. Il est **meilleur que** Michel. (Él es mejor que Michel.)
4. Il est **le meilleur**. (Él es el mejor.)
5. Michel est **pire que** Jeff. (Michel es peor que Jeff.)
adverbio
6. Michel fait la tâche **bien**. (Michel hace bien la tarea.)
7. Jeff fait la tâche **mieux**. (Jeff hace la tarea mejor.)
8. Emma fait la tâche **le mieux**. (Emma es la que mejor hace la tarea.)
9. Ce monsieur fait la tâche **le moins bien**. (Este señor es quien peor hace la tarea.)
10. Cette dame fait la tâche **moins bien que** Michel. (Esta dama hace la tarea menos bien que Michel.)

Día 33 – La comparación (con cantidades) y el superlativo: Emma est <u>la meilleure</u>. (Emma es <u>la mejor</u>.)

La comparación (cantidad)
2. **Plus de** gens vivent plus longtemps aujourd'hui. (Mas personas viven más actualmente.)
3. **Moins de** gens meurent aujourd'hui par maladie. (Menos personas mueren actualmente debido a enfermedades.)
4. Il y a **autant de** femmes **que d'**hommes. (Hay tantas mujeres como hombres.)
5. Il y a **autant d'**hommes **que de** femmes. (Hay tantos hombres como mujeres.)

El superlativo
2. Jeff est **l'**homme **le plus** beau. (Jeff es el hombre más apuesto.)
3. Jeff et Emma sont **les** gens **les plus** beaux. (Jeff y Emma son las personas mas hermosas.)
4. Jeff est **le meilleur.** (Jeff es el mejor.)
5. Il fait la tâche **le mieux**. (Él hace la tarea mejor.)
6. Emma est **la meilleure**. (Emma es la mejor.)
7. Elle fait la tâche **le mieux**. (Ella hace la tarea mejor.)
8. Jeff est **le plus** grand parmi nous. (Jeff es el más alto de nosotros.) Mais il n'est pas **le plus** grand du monde. (Pero él no es el más alto del mundo.)
9. Emma est **la plus** jolie parmi nous. (Emma es la más bonita entre nosotros.) Et peut-être **la plus** jolie du monde. (Y, probablemente, la más bonita del mundo.)

Día 34 – Verbos que terminan en-ir (1), dorm<u>ir</u> (dormir), Nous dorm<u>ons</u>. (Nosotros estamos durmiendo.)

Verbos que terminan en -ir (1)
2. Nous **sortons** le week-end. (Nosotros salimos los fines de semana.)
3. Vous **sortez** de temps en temps ? (¿Tú sales de vez en cuando?)
4. Ça **sent** bon. (Eso huele bien.)
5. Je **pars** pour Londres mardi. (Yo salgo a Londres el próximo martes.)
6. La serveuse **sert** ses client. (La mesera sirve a sus clientes.)
7. Nous **dormons** mal après un café très fort. (Dormimos mal despues de un café muy fuerte.)

Día 35 – Verbos que terminan en -ir (2), ralent**ir** (reducir velocidad), Nous ralent**issons**. (Nosotros reducimos la velocidad.)

Verbos que terminan en-ir (2)
2. Nous **ralentissons** la machine. (Estamos reduciendo la velocidad de la máquina.)
3. Vous **ralentissez** le rythme. (Estas disminuyendo el ritmo.)
4. Nous **finissons** à quelle heure ? (¿A qué hora terminamos?)
5. Nous **choisissons** l'option une. (Escogemos la opción uno.)
6. Vos enfants, ils **grandissent** vite. (Tús hijos, ellos estan creciendo rápido.)
7. **Ralentissez**-vous ! (¡Disminuye la velocidad!)
8. Elles **finissent** le travail. (Ellos terminan el trabajo.)

Día 36 – verbos que terminan en -re, li**re** (leer)

Verbos que terminan en -re
2. Elle **attend** son ami. (Ella espera por su amigo.)
3. Il **lit** le Parisien. (Él lee el periódico *Parisien*.)
4. Nous **attendons** un meilleur avenir. (Estamos esperando por un major futuro.)
5. Vous **mettez** ce mot ici. (Tú pones esta palabra aquí.)
6. Il **met** son ordinateur sur une chaise. (Él pone su computadora en una silla.)
7. Nous **promettons** de revenir demain. (Prometemos que vamos a volver mañana.)
8. La maman **promet** un cadeau à son enfant. (La madre le promete un regalo a su hijo.)

Día 37 – Los verbos connaître y savoir (saber)

Los verbos connaître y savoir (saber)
*Escoge ya sea **connaître** o **savoir***
2. Je **connais** cette ville. (Conozco esta ciudad).
3. Nous **connaissons** la fille. (Nosotros conocemos la chica).
4. Il **sait** bien parler le français. (Él sabe hablar bien francés).
5. Emma **connaît** cette dame. (Emma conoce esta dama).
6. Ils **savent** bien ce qui est bon pour eux. (Ellos saben bien lo que es bueno para ellos).

Día 38 – Algo más de verbos multi-forma, apprendre (aprender), devenir (volverse)

Algo más de verbos multi-forma
2. Je **tiens** un stylo. (Yo tengo un bolígrafo). Vous **tenez** un stylo. (Ustedes tienen un bolígrafo).
3. Elle **devient** adulte. (Ella se vuelve adulta). Elles **deviennent** adultes. (Ellas se vuelven adultas).
4. Je **reçois** des cadeaux de ma mère. (Yo recibo regalos de mi madre).
5. Ils **apprennent** la méditation. (Ellos aprenden meditación).

Día 39 – Verbos modales: pouvoir (poder), devoir (deber), vouloir (querer)

Elije uno: pouvoir, devoir, vouloir, il faut
2. **Il faut** boire pour vivre. (Uno debe beber para vivir).
3. Ils **peuvent** rester plus long temps. (Ellos pueden permanecer más tiempo).
4. Nous **voulons** visiter le pôle Nord. (Nosotros queremos visitar el Polo Norte).
5. Je **dois** rester plus long temps. (Yo debo permanecer más tiempo).
6. Des enfants **veulent** des jouets. (Los niños quieren juguetes).
7. Emma **veut** aller en Inde. (Emma quiere ir a la India).
8. Jeff **peut** parler l'espéranto. (Jeff puede hablar Esperanto).

Día 40 – Haciendo deportes y actividades

Haciendo deportes y actividades
Deportes, instrumentos musicales
2. Nous **faisons** de la natation. (Nosotros nadamos).
3. Vous **faites** du tennis. (Ustedes juegan tenis).
4. Je **fais** de la gymnastique. (Yo hago gimnasia).
5. Elle **joue** au football. (Ella juega balompié).

Actividades en la casa
2. Elle **fait** les courses. (Ella hace las compras).
3. Je **fais** la vaisselle. (Yo lavo la vajilla).
4. Nous **faisons** le ménage. (Nosotros hacemos la limpieza).

Día 41 – El futuro próximo con el verbo "aller", Je vais + infinitive (Yo voy a + infinitivo)

El futuro próximo (aller + infinitivo)
2. Nous entrons dans un tunnel. (Estamos entrando a un túnel). La ligne téléphonique **va être** coupée. (La línea telefónica va a ser cortada).
3. Je suis fatigué. (Estoy cansado). Je **vais arrêter** de travailler pour aujourd'hui. (Yo voy a parar de trabajar por hoy).
4. Ton thé, il **va être** froid. (Tu té, se va a poner frio).
5. C'est Presque l'heure. (Es casi la hora). Le train **va arriver**. (El tren va a llegar).

Día 42 – Tiempo pasado con el verbo "avoir", Elle a mangé. (ella comió.)

Tiempo pasado con el verbo "avoir"
2. Tu **as eu** un bon résultat. (Tu obtuviste un buen resultado.)
3. Il **a pris** une douche. (Él tomo una ducha.)
4. Elle **a dit** quelque chose. (Ella dijo algo.)
5. J'**ai entendu** quelque chose. (Yo escuché algo.)
6. Il fait beau aujourd'hui mais hier, il **a plu**. (El clima es agradable hoy, pero ayer llovió.)
7. Hier, elle **a été** fatiguée. (Ayer, ella estaba cansada.)
8. Jeff **a été** moins heureux avant qu'il **a rencontré** Emma. (Jeff era menos feliz antes de conocer a Emma)

Dia 43 – Tiempo pasado con el verbo "être", Elle est partie. (Ella se fué.)

Tiempo pasado con el verbo "être"
2. Emma **est partie**. (Emma se fue.)
3. Jeff **est parti**. (Jeff se fue.)
4. Ils **sont partis**. (Ellos se fueron.)
5. Elles **sont parties**. (Ellas se fueron.)

Match each verb in the following list with their corresponding description: "simple movement", or, "not simple movement"

Gramática Francesa - principiante / elemental

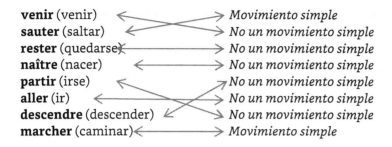

venir (venir) — Movimiento simple
sauter (saltar) — No un movimiento simple
rester (quedarse) — No un movimiento simple
naître (nacer) — No un movimiento simple
partir (irse) — No un movimiento simple
aller (ir) — No un movimiento simple
descendre (descender) — No un movimiento simple
marcher (caminar) — Movimiento simple

2. Hier, il **est venu** ici. (Ayer, el vino aquí.)
3. La semaine dernière, on **a marché** 5 kilometres. (La semana pasada, nosotros caminamos 5 kilómetros.)
4. Emma - Hier, je **suis tombée** dans la forêt. (Emma – Ayer, me caí en el bosque.)

Día 44 – Tiempo pasado: ¿cuando usar el verbo "être" y cuando usar el verbo "avoir" para conjugar?

2. La semaine dernière, Jeff **est sorti** avec ses amis. (La semana pasada, Jeff salió con sus amigos)
3. Ce matin, Emma **est sortie** très tôt. (Esta mañana, Emma salió muy temprano.)
4. **Jeff** - Je me lève tôt le matin. Ce matin, je **me suis levé** à 6h30. (Me levanto temprano en la mañana. Esta mañana, me levanté a las 6:30am.)
Emma – Je me couche tard le soir. Hier soir, je **me suis couchée** vers minuit. (Voy a la cama tarde en la noche. Anoche fui a la cama alrededor de la media noche.)
5. Jeff **a sorti** son chien hier. (Jeff saco a su perro.)
6. Emma **est sortie** avec ses amis hier. (Emma salio con sus amigas ayer.)

Día 45 – L'imparfait – Ajustando la escena en el pasado

L'imparfait – ajustando la escena en el pasado
2. Liste las terminaciones de los verbos de **l'imparfait**: (a) *Je*, **-ais** (b) *Tu*, **-ais** (c) *Il*, **-ait** (d) *Elle*, **-ait** (e) *On*, **-ait** (f) *Nous*, **-ions** (g) *Vous*, **-iez** (h) *Ils*, **-aient**, (i) *Elles*, **-aient**
3. (En la película *"24 horas de la vida de Josh en los 90s"*, Josh come su

almuerzo en la escuela. El vuelve a casa a las 4pm. El ayuda a sus padres en la casa. Él va a dormir a las 9pm.)
a. *Josh **avait** son déjeuner à l'école.* (El almorzaba en la escuela.)
b. *Il **rentrait** chez lui à 16h.* (Él volvía a casa a las 4pm.)
c. *Il **aidait** ses parents à la maison.* (El ayudaba a sus padres en la casa.)
d. *Il **se couchait** à 21h.* (Él se iba a dormir a las 9pm.)

Día 46 – Tiempo futuro, Je viendrai (Yo vendré)

Tiempo futuro
2. Je **ferai** quelques exercices. (Haré algunos ejercicios.)
3. Mes parents **viendront** chez moi vendredi soir. (Mis padres vendrán a mi casa el Viernes por la noche.)
4. Dans quelques années, mon fils **sera** grand. (En algunos años, mi hijo será alto. *fils* pronunciado como *fis*)
5. Cette année, j'ai 26 ans. (Este año tengo 26 años.) L'année prochaine, j'**aurai** 27 ans. ((El año que viene, tendré 27 años.)
6. Ils se sont fiancés. (Ellos estan comprometidos.) Bientôt, ils **se marieront**. (Pronto, estarán casados.)
7. Nous **irons** à leur mariage. (Nosotros iremos a su matrimonio.)

Día 47 – Repaso de verbos franceces hasta ahora

Complete estas dos oraciones para cada tiempo (utilice el diagrama de tiempo para referencias)
2. Josh **aidait** ses parents. (Josh ayudaba a sus padres.)
3. Ce matin, Josh **a pris** une douche. (Esta mañana, Josh se duchó.)
4. Il **a mangé** deux œufs pour le petit déjeuner. (Él se comió dos huevos en el desayuno.)
5. À present, il **est** dans son bureau. (Ahora mismo, el está en la oficina.)
6. Il **travaille** sur son ordinateur portable. (Él está trabajando en su laptop.)
7. Bientôt, il **va quitter** son bureau. (Pronto, el se irá de su oficina.)
8. Il **va manger** son déjeuner. (Él va a comerse su almuerzo.)
9. Demain, il **viendra** au bureau. (Mañana, él vendrá a oficina.)
10. Il **mangera** avec son petite amie. (Él comerá con su novia.)

Día 48 – Adverbios

Adverbios
2. **Heureusement** il est revenu. (Afortunadamente, él volvió.)
3. Je suis **profondément** navré. (Estoy profundamente apenado.)
4. **Souvent**, il mange **rapidement**. (Frecuentemente, el come rápido.)
5. Il chante **beaucoup**. (Él canta mucho.)
6. Je vois **rarement** mes voisins. (Dificilmente veo a mis vecinos.)

Día 49 – Depuis (desde), il y a (hace), pendant (por), dans (en)

Depuis (desde), **il y a** (hace), **pendant** (por), **dans** (en)
2. J'ai rencontré Jeff **il y a** 7 ans. (Conocí a Jeff hace 7 años.)
3. J'ai travaillé en Italie **pendant** 1 an. (Trabajé en Italia por 1 año.)
4. Je vais prendre un café **dans** 15 minutes. (Me tomaré un café en 15 minutos.)
5. Elle a lu dix livres **en** un mois ! (¡Ella leyó diez libros en un mes!)
6. Nous habitons à Paris **depuis** 2010. (Vivimos en Paris desde el 2010.)

Día 50 – Los pronombres franceces

Los pronombres franceces
2. C'est **eux**. (Son ellos.)
3. C'est **elles**. (Son ellas.)
4. C'est **eux**. (Son ellos.)
5. C'est **nous**. (Somos nosotros.)
6. C'est **à nous**. (Es nuestro.)

Día 51 – El pronombre "En"

El pronombre "En"
1. Emma achète des fruits. Puis elle … … … … mange. (Emma compra frutas. Luego ella se las come.) –Emma achète des fruits. Puis elle **en** mange.
2. Elle achète des livres. Puis elle **en** lit. (Ella compra libros. Luego ella los lee.)
3. Des livres, il **en** a beaucoup. (Libros, él tiene muchos de ellos.)
4. Des chats, il **en** a seulement un. (Gatos, el solo tiene uno.)
5. Il parle de son amie. Il **en** parle tous les jours. (Él habla sobre su amiga. Él habla de ella todos los días.)

Día 52 – El pronombre "Y"

El pronombre "y" (completo con un verbo)
2. Il y a des aniamux <u>dans la forêt</u>. (Hay animales <u>en el bosque</u>.) Il **y** en a. (<u>Ahí</u> hay animales.)
3. Le train est <u>à la gare</u>. (El tren está <u>en la estación</u>.) Il **y est**. (Está ahí.)
4. Beaucoup de voitures sont <u>sur la route</u>. (Muchos autos estan <u>en la carretera</u>.) Ils **y sont**. (Ellos están ahí.)
5. Je pense <u>à ma mère</u>. (Yo pienso <u>en mi madre</u>.) J'**y pense**. (Yo pienso <u>en ella</u>.)

Día 53 – "pronombres" franceces directos

Pronombres directos
2. Emma aime sa sœur. (Emma ama a su hermana.) Elle **l'**aime. (Ella la ama.)
3. Jeff aime son frère. (Jeff ama a su hermano.) Il **l'**aime. (El lo ama.)
4. J'aime mes parents. (Yo amo a mis padres.) Je **les** aime. (Yo los amo.)
5. Je vois un arbre. (Yo veo un árbol.) Je **le** vois. (Yo lo veo.)
6. Tu regardes un film. (Tú estas viendo una película.) Tu **le** regardes. (Tú la estas viendo.)
7. Elle raconte une histoire. (Ella está contando una historia.) Elle **la** raconte. (Ella la está contando.)

Día 54 – "Pronombres" indirectos franceces

Pronombres indirectos
2. Il téléphone à elle. (Él la llama.) Il **lui** téléphone. (Él la llama a ella.)
3. Il peut dire quelque chose **à** nous. (Él puede decirnos algo.) Il peut **nous** dire quelque chose. (Él puede decirnos algo a nosotros.)
4. Elle a offert une fleur **à** sa sœur. (Ella le ofreció una flor a su hermana.) Elle **lui** a offer une fleur. (Ella le ofreció una flor.)
5. Je vais envoyer une carte postale **à** toi quand je serai en Inde. (Yo te enviaré una postal cuando esté en India.) Je vais **t'**envoyer une carte postale quand je serai en Inde. (Te enviaré una postal cuando esté en India.)

Día 55 – Negación

Negación
2. Elle **ne** mange **pas**. (Ella no come.)
3. Il **n'a pas** parlé depuis une heure. (Él no ha hablado en una hora.)
4. Elle **ne** boit **plus** du coca-cola. (Ella no bebe más coca-cola.)
5. Il **n'**utilise **jamais** des mots d'argot. (Él nunca utiliza palabras de jerga.)
6. **Personne ne** parle. (Nadie habla.)

Día 56 – Preguntas: Où ? (¿Donde?) Quand ? (¿Cuando?) Comment ? (¿Cómo?) Combien ? (¿Cuánto?) Pourquoi ? (¿Por qué?)

Preguntas : Où ?, Quand ?, Comment ?, Combien ?, Pourquoi ?
2. **Pourquoi** allez-vous ? (¿Por qué va usted?)
3. **Combien** de personnes vont-ils ? (¿Cuantas personas van?)
4. **Quand** vont-ils ? (¿Cuando iran?)
5. Ils vont **quand** ? (¿Cuando irán? *Francés hablado*)

Día 57 – Preguntas: Qui ? (¿Quien?), Que ? (¿Qué?), Quel ? (¿Cual?)

Qui, Que, Quel
2. **Qu'est-ce que** tu fais ? (¿Que estás haciendo?)
3. **Que** avez-vous acheté ? (¿Que compraste?)
4. **Qui** vous a dit ça ? (¿Quien le dijo eso?)
5. Ami ? **Quel** ami ? (¿Amigo? ¿Cual amigo?)
6. Des livres ? **Lesquels** ? (¿Libros? ¿Cuales?)
7. Dans **quelle** ville habites-tu ? (¿En que ciudad vives?)

Día 58 – Pronombres relativos: La femme qui... (La mujer que...), La photo que... (la foto que...)

Pronombres relativos: qui, que
2. Un chanteur chante. Ce chanteur est très connu. (Un cantante está cantando. Este cantante es muy bien conocido.)
Le chanteur **qui** chante est très connu. (El cantante que está cantando es muy bien conocido.)
3. Un animal sort de sa tanière. Cet animal est grand. (Un animal está saliendo de su guarida. Este animal es grande.)
L'animal **qui** sort de sa tanière est grand. (El animal saliendo de su guarida es grande.)

4. Je regarde un animal. Cet animal est grand. (Yo estoy viendo un animal. Este animal es grande.)

L'animal **que** je regarde est grand. (El animal que estoy viendo es grande.)

Made in the USA
Columbia, SC
15 November 2019